글로벌 성장동력을 이끄는 ESG리더에게
ESG가치철학을 묻다

ESG
INTERVIEW

김지윤 지음

저자 서문

현대 사회는 기후 위기, 사회적 불평등, 환경 파괴 등의 문제에 직면해 있습니다. 이러한 문제들은 우리 모두가 함께 해결해야 할 과제입니다. 이에 따라 기업들은 새로운 비즈니스 모델과 지속 가능한 경영 방식을 모색하고 있습니다.
ESG(환경, 사회, 지배구조)는 기업의 지속 가능한 경영을 추구하는 데에 핵심적인 요소로 자리 잡았습니다. 이는 기업의 환경적, 사회적, 지배구조적 측면을 평가하고 개선하는 프레임워크로 기업의 가치 창출과 사회적 책임을 동시에 실현하는 것을 목표로 합니다.
이 책은 콜라보뉴스 ESG리더십의 인터뷰 기사를 바탕으로 구성되었습니다. 기사에는 ESG리더가 ESG를 어떻게 수용하고 전략적으로 활용하는지, 그리고 이를 통해 어떤 가치를 창출하는지에 대한 경험과 인사이트가 담겨 있습니다. 이는 ESG에 대한 이해를 넓히고 기업이 사회적 책임을 다하며 성공적인 비즈니스를 추구하는 방법에 대한 사고를 확장시키는 데 도움을 줄 것입니다.
ESG리더의 인터뷰는 현재도 진행 중입니다. 콜라보뉴스 · ESG 콜라보클럽은 ESG를 효과적으로 전달하기 위해 오프라인에서도 다양한 활동을 진행하고 있습니다. 업사이클 교육 등 시민과 함께하는 탄소 중립 ESG 캠페인 'collabo clover', ESG 실천 사례를 알리고 그 가치를 알리는 'ESG 콘퍼런스 · 시상식'을 진행하고 있으며, ESG 전문가와 콜라보해 중소상공인의 ESG 애로사항을 듣고 지속 가능한 단계를 돕는 컨설팅도 진행하고 있습니다.

ESG를 제대로 수행하기 위해서는 비전과 함께 협업을 통한 긴밀하고 효율적인 협력 체계를 유지하는 것이 중요합니다. 앞으로도 협력과 콜라보를 통해 지속 가능한 발전과 사회적 책임을 강조하는 데 중요한 ESG 캠페인을 지속적으로 추진할 것입니다. 이 책이 더 나은 미래를 향해 함께 나아가는 데 도움이 되기를 바랍니다.

목   차

저자서문	4
㈜그린환경 (임대빈 회장)	8
폐플라스틱 자원화로 지속 가능한 비즈니스 모델 구축	
㈜이선테크 (이구환 대표)	17
글로벌 허브 구축, 첨단 세라믹 혁신의 선봉에 선다	
㈜신진에너텍 (박진섭 대표)	28
환경오염의 주범, 냉매 기술 개선에 앞장서다	
한국환경공단 (안병옥 이사장)	38
지속할 수 있는 환경 경영을 통한 국가 발전 총력	
㈜준영폴리켐 (김진욱 대표)	49
글로벌 경쟁을 주도하는 스마트한 선택, 스마트한 접착제 기술	
하은호 군포시장	58
ESG 정책으로 지속가능한 '군포'. 환경, 사회, 거버넌스를 향한 도전	
㈜아이티로 (김도형 대표)	72
ESG GREEN 도시경영, 누구나 누릴 수 있는 '맑은 공기를 마실 권리'	
㈜더조은에너지 (조국성 대표)	85
태양광 모듈의 태풍재해 예방장치 개발, 경쟁력 강화와 지역사회 상생	

최대호 안양시장   96
ESG 행정으로 지속가능한 미래 모색

㈜코아이 (박경택 대표)   104
해양 오염물 회수 로봇 'KOBOT S', 국저 시장 공략

㈜파웰 코퍼레이션 (강창수 대표)   114
ESG 경영과 기술 혁신, 실시간 플라즈마 측정 정전척 개발 성과

파운드리더블유㈜ (장현준 대표)   122
신뢰와 안전, 특수 물류 창고 분야의 선두 주자로 우뚝!

㈜하이클린 (이성진 대표)   130
고객과의 파트너십, 환경 친화적인 제품으로 사회적 책임 이행

㈜싱크닥터 (정창헌 회장)   138
폼프레스로 여는 새로운 환경 운동, ESG 실천

㈜현우엔지니어링 (김성철 대표)   147
친환경 기술로 지속가능한 미래를 선도하다

제로에이블 (박상환 대표)   155
지속 가능한 라이프를 위한 친환경 소비 문화를 열다

㈜비바 (김규태 대표)   163
친환경 기술의 선봉, 음식물 쓰레기 처리기로 ESG 길을 열다

㈜프로맘 (하성택 총괄이사)   172
주방 공간을 노래하다, 친환경과 혁신의 만남

㈜카르 (배민경 대표)   180
국내외 IP를 활용하여 친환경 물티슈와 천연원료 개발에 주력

㈜클라우스오투 (송창재 대표)   190
환경과 건강을 위한 클린 서비스의 혁신

(사)한국시니어골프협회 (조정영 회장)   198
ESG를 향한 레저와 사회적 책임의 새로운 지평

㈜동남리얼라이즈 (현지원 대표)   208
열가소성 목재소재 CXP 제품으로 즐기는 친환경 라이프스타일

C.N.ONE㈜ (이승민 대표)   218
지구를 위한 선택, '헬씨 케어 패스트푸드' 프랜차이즈

탈모야안녕 (서병기 회장)   229
글로벌 행복을 꿈꾸며 탈모 산업계를 리드하다

재단법인 153글로벌비전 (이재욱 대표)   238
농아인들에게 전하는 희망

범시민사회단체연합 (이갑산 회장)   248
다양성 속에서 찾은 통합과 화합의 길

(사)경기정보산업협회 (양재수 협회장)   258
ESG경영, 국가 성장과 기업 협력의 핵심 가치

한국교육평가진흥원 (성대근 대표)   266
교육계에 새로운 패러다임, NCS를 기반으로 한 교육 제공

신라대 ESG경영연구소 (김성근 교수)   277
ESG시민운동, 다양한 참여와 협력의 시대

정책학자 (한대규 교수)   286
사회적 포용성과 다양성 향상을 위한 변화와 노력

ESG 용어정리   298

(주)그린환경
임대빈 회장

Lim, Dae Bin

> "국가와 공익에 이바지하는 것이 목표입니다. 앞으로도 관련 기술을 개선하고, 다방면으로 도입하여, 우리 기업의 뜻을 알리고 함께 하는 사람이 많아졌으면 좋겠습니다. 그린환경의 종합재활용 기술이 환경에 관한 국가적 이익과 세상이 원하여 지구 공동체적 이익에 도움이 될 수 있다면 더할 나위 없이 좋을 것 같습니다."

폐플라스틱 자원화로
지속 가능한 비즈니스 모델 구축
(주)그린환경

(주)그린환경은 폐플라스틱을 사용할 수 있는 자원으로 탈바꿈 하는 기술을 이용하여 탄소 중립에 참여하는 기업입니다. 폐기물 처리와 재활용을 통해 환경 보호에 이바지하며, 약 5만 평의 사업 부지에서 종합재활용단지 모델을 구축하고 있습니다. (주)그린환경은 국가와 공익에 이바지하는 것을 목표로 삼으며, 지구 환경에 긍정적인 영향을 끼치기 위해 노력하고 있습니다. (주)그린환경의 임대빈 회장은 폐플라스틱을 물질적 자원으로 변환하는 기술과 협력을 바탕으로, 폐플라스틱이 폐기물로 여겨지기보다 소중한 자원으로 여겨지기를 바라며 사업을 이끌고 있습니다. 그는 가용 자원으로서의 쓰레기에 대한 인식이 널리 퍼짐으로써 위기를 맞은 지구 환경을 개선할 수 있다고 말합니다. 또한, 중소기업들이 ESG에 참여할 수 있도록 사회적 분위기 개선과 탄소 배출 문제 대응에 대한 적극적인 대응이 필요하다고 강조하고 있습니다.

(주)그린환경의 ESG 가치 철학을 알려주세요

폐기물은 사실, 없습니다. 15년 전에 미국에 방문했었는데, 거기서는 이미 쓰레기가 그저 버려지는 것이 아니라 후대에 가면 이용 가능한 자원으로 변모할 수 있다는 점이 널리 동의를 얻고 있었습니다. 쓰레기를 단순 매립이나 소각하면 지구의 토양과 수자원을 오염시키고 지구온난화를 초래합니다. 이는 인간의 삶을 위협하죠. 그래서 쓰레기를 재활용하여 다시 활용할 수 있는 자원으로 바꾸는 일이 중요합니다. 2011년 후쿠시마 원전 사건을 계기

로 쓰나미 피해 쓰레기 처리 지원 나갔을 때 매립 쓰레기를 선별하고 유기물을 물질적 자원으로 바꾸는 기술을 가진 교수와 연구하게 된 적이 있었습니다. 이때 기술적으로 많은 도움을 얻었습니다. 우리나라는 사실 폐플라스틱을 활용하는 데 있어서 상당히 좋은 환경입니다. 분리수거가 활성화되어 있기 때문입니다. 저는 이런 고분자 물질을 다시 쪼개서 자원화할 수 있는 길을 모색하고 있습니다. 이를 통하여 쓰레기가 쓰레기 취급을 받는 것이 아니라 소중한 자원으로 변신할 수 있도록 하고 이는 궁극적으로 지구 환경을 개선하는 데 도움이 될 것입니다.

(주)그린환경의 지속 가능한 비즈니스에 관하여 설명해 주세요

저희는 건축 폐기물을 재활용하는 사업에서부터 시작했습니다. 현재는 폐플라스틱을 물질적으로 자원화하는 방향으로 사업을 확대했습니다. 이를 더욱 효과적으로 진행하기 위하여, 몇몇 지방자치단체와 교류하여 쓰레기를 수집하고 그것을 가공하여 자원으로 만드는 작업을 활발히 진행하고 있습니다.

폐기물 재활용과 사업적 성공의 조화를 어떻게 이룩하셨습니까

폐기물 재활용분야 사업체들은 현재까지 너무나 영세한 수준입니다. 대기업들이 여기에 뛰어든 지 얼마 되지도 않았고 후대 양성이 매우 미진한 상태입니다. 즉, 제대로 체계 구축이 되지 않은 상황이죠. 이 점을 공략하면 사업적 성공과 지구 환경에 상당한 이바지를 할 수 있겠다고 생각했습니다. 사실 처음에는 이러한 사업을 하는 데 있어서 많은 어려움을 겪었지만, 다른 쪽으로 돌리기보다는 우직하게 밀어붙인 것이 비결이라면 비결일 듯합니다.

어떻게 폐플라스틱 및 기타 폐기물 처리에 대한 고민이 시작되었으며, 이 문제에 대한 해결책을 찾기 위해 어떤 노력을 기울였나요

폐플라스틱 등의 폐기물을 처리하는 데 있어서 모두가 골머리를 앓고 있습니다. 빠르게 축적되는 폐기물을 처리하는 속도는 상당히 느리기 때문입니다. 우리는 이 문제의 해결에 이바지할 수 있는 방법을 찾고자 했고, 자체적으로 기술을 개발하여 여러 지역에 도입하고 있습니다. 이는 폐기물 처리장과 처리 문제를 둘러싸고 발생하는 여러 잡음을 해결하는 데 효과를 거두고 있습니다.

제조한 폐기물 제품이 어떻게 폐기물 자원으로 활용되면서 환경오염을 방지하고, 또한 전 세계적인 탄소 배출 문제에 대한 해결책으로 기여하고 있는지 설명해 주세요

저희가 제품으로 제작하는 재활용제품은 폐품 자원이고 이를 제대로 활용한다면 폐기물에서 방출되는 여러 좋지 않은 성분이 환경으로 유입되는 것을 막을 수 있습니다. 그리고 전 세계적인 문제인 탄소 배출 문제를 해결하는 데에도 도움이 되죠. 폐플라시틱 1톤을 재활용 한다면 최소 1.6톤을 탄소를 회수할 수 있습니다.

사업을 진행하면서 어려움을 극복한 사례가 있다면 무엇입니까

이 사업에 대한 시각 자체가, 그리 좋지 않습니다. 사업 초기에는 님비 현상이라든가, 자본적 수익을 창출하는 것과 환경 보호를 동시에 실천하는 것 등, 난제들이 산적해 있었죠. 지금 돌이켜 보면, 민원이 발생하지 않은 날이 없었던 것 같습니다. 하지만 저희만의 신념을 계속 밀어붙였고, 그 결과 저희 사업을 바라보는 시각이 많이 개선될 수 있었습니다. 물론, 지금도 어려움을 겪고 있기는 하지만, 저희는 포기하지 않을 것입니다.

미래 환경이 지향해야 할 지점과, 기업이 취해야 할 전략에 관하여 말씀해 주세요

분명, 인식이 바뀌는 일이 첫째가 되어야 할 것입니다. 요즘 젊은 사람들은 쓰레기를 그저 버리면 도는 것으로 치부하곤 합니다. 하지만 이러한 인식이 지속된다면 지구는 온통 쓰레기로 뒤덮이고 말 것입니다. 그러므로 우리 마음속에서 쓰레

기를 어떻게 바라보느냐, 즉 인식이 개선되어야 할 필요성이 높은 것이죠.

탄소 배출 규제에 대응하여 어떠한 대응책을 마련하고 있나요

유럽연합(EU)의 경우 2023년 10월부터 탄소국경세를 도입하고 있습니다.
탄소세는 지구온난화 방지를 위한 이산화탄소를 배출하는 화석에너지 등 아직은 일부 제품에만 적용하고 있습니다만 앞으로 탄소배출권에 관한 이슈는 더욱 현실화될 텐데 이와 같은 흐름을 우리 중소기업도 빠르게 인지하고 대응책을 모색하는 자세가 필요합니다.

㈜이션테크
이구환 대표

Lee, Koo Whan

> 첨단 세라믹은 사실, 국내에서는 미미한 분야였습니다. 하지만 첨단 세라믹은 매우 중요한 소재중 하나인데, 첨단 세라믹소재와 부품등을 적극적으로 개발하고 생산하지 않으면 선진국한테 기술이 종속될 우려가 있었습니다. 이와 같은 상황을 파악하고, 기존의 사업 방향을 세라믹 R&D에 무게중심을 두는 쪽으로 전환하였습니다. 그 결과 수많은 난관에 봉착해온 것도 사실이지만 또한 보람있는 뚜렷한 진척도 있었기에 현재의 이선테크가 된 것입니다. 10여년간 의 노력끝에 독자적인 기술로 완성한 Piezo micro dispensing technology 분야와 첨단 세라믹 신소재 분야의 산업적 융합 시너지 효과도 기대하고 있어 급변하고 있는 첨단산업 시장에서의 성공 가능성은 충분하다고 판단합니다. 수년내에 치열한 세계시장에서 당당히 경쟁하고있는 기업이 된 모습을 충분히 목도하실 수 있을 것이라 확신하고 있습니다.

글로벌 허브 구축,
첨단 세라믹 혁신의 선봉에 선다
㈜이선테크

㈜이선테크는 Micro dispensing 분야와 세라믹과 관련한 다양한 특허와 독보적인 기술을 보유하고 있습니다. 첨단세라믹 분야에서는 크게 세라믹에 전기가 통할 수 있게 하는 전도성 세라믹 분야와 고온 발열 관리가 가능한 세라믹 히터 분야, 세라믹 특수 가공분야 등으로 나눌 수 있습니다. 전도성 세라믹 분야는 부도체인 세라믹에 전도성을 부여하여 방전 및 와이어컷이 가능케 함으로써 다양한 형태의 양각, 음각(3d 형상) 가공을 현실화 시킬 수 있는 소재 분야입니다. 세라믹히터 분야는 열을 관리하는 거의 모든 산업분야 즉, 헤어드라이어에서 선박 열교환기에 이르는 광범위한 시장을 형성하고 있습니다. 세라믹 특수 가공분야는 용사코팅을 비롯한 다양한 획기적인 가공방법들에 관해 연구하고 있고 향후 적용할 계획을 가지고 있습니다. 현재 마케팅 계획은 글로벌 시장을 5개의 허브로 분류, 구축하여 생산하는 신소재와 신기술을 다양한 국가에서 적용할 계획입니다. 현재 허브별 다양한 국가의 관련 당사자들을 물색하고 선이 닿은 담당자들과 당사의 소재, 제품, 기술이 연착륙 가능하도록 면밀하게 협의 중에 있습니다. ㈜이선테크 이구환 대표는 브랜드화된 신소재로 세계적인 기업으로 성장하는 것을 목표로 하고 있으며, 시장 활성화와 경쟁력 확보에 주력하고 있습니다. 현재 개발 중인 첨단 세라믹 기술을 통해 글로벌 시장에서의 입지를 다져가며, 환경적 이점과 탄소 발자국 감소를 위한 프로젝트에도 적극 참여하고 있습니다. ESG 경영에서는 산업적 측면에 중점을 두고, 공정 단축을 통한 에너지 절감을 통해 탄소 중립에 기여하고 있습니다. 다양한 연구 및 개발을 통해 이를 실현하기 위한 노력을 진행 중입니다.

㈜이선테크의 ESG 경영 철학을 알려주세요

ESG는 다양한 면에서 실천될 수 있습니다. 그리고 저희가 가장 중요하게 여기는 부분은 산업적인 면입니다. 산업적인 면에서, 저희는 공정 단축에 힘씁니다. 일반적인 공정의 길이를 줄여서 에너지를 감축하는 것인데, 이를 통하여 전 세계의 목표인 탄소중립에 일정 부분 이바지할 수 있습니다. 현재 이를 효과적으로 실현하기 위해서 다양한 연구 개발을 실시하고 있습니다.

보유한 특허 기술을 알려주세요

세라믹과 관련된 특허로는 대표적인 것이 세라믹 플런저 지조시스템 관련한 것입니다.

쉽게 얘기하자면 기존의 세라믹 플런저는 열박음(thermal bonding) 공정을 통해 제작하여 제품의 내구성 및 실용성에 제약이 많았으나 당사의 특허방식에 의한 제조는 세라믹과 금속간의 접합시 단순 접합이 아니라 metalizing 기법을 사용하여 안정성과 내구성을 향상시킨 혁신적인 방식입니다.

또 한 가지 소개를 드리자면 세라믹히터 제작시 획기적인 Helical Tube 전극 인쇄방법을 사용하게 되면 전극의 점도와 두께를 일정하게 조절하여 전극의 퍼짐현상을 최소화할 수 있고, 사이즈도 줄일 수 있어 완제품의 소형화도 가능하게 할 수 있는 방식입니다.

최근에는 세라믹 중에서 전기가 통하는 세라믹 관련 획기적인 소재를 개발하는 데 몰두하고 있는데, 이와 관련한 특허를 진행하고 있습니다. 이외에도 30여 가지의 특허를 보유하고 있습니다. 세계 특허에도 신경을 쓰고 있습니다. 현재 개발 중인 기술과 관련하여, 특허 전문 법인 변리사들과의 컨설팅을 통해 국제

특허 출원을 마칠 수 있도록 노력하고 있습니다.

첨단 세라믹이 2차 전지 생산이나 반도체 제조에 어떻게 활용되고 있는지 알려주세요

과거에는 마이크로 디스펜싱 분야에 주력했습니다. 이를 계기로 마이크로 디스펜싱 분야에서 생산되는 핵심 부품에 투입되는 신소재, 즉 첨단 세라믹에 관심을 가지게 되었습니다. 첨단 세라믹은 저희가 2020년도부터 개발을 시작한 신소재 분야의 일환입니다.

첨단 세라믹은 2차 전지를 제작하는 공장에 투입되거나, 반도체 제조업계에서 거의 필수적으로 활용됩니다. 예를 들어 반도체 검사장비의 핵심부품인 고가의 probe card의 소재로도 가능하고 스마트폰이나 반도체 관련, 2차전지 부품, 디스플레이 부품 등을 찍어내는 미세 금형소재로도 가능합니다. 첨단 세라믹의 특성상 열 변형이 거의 없기에 가능한 적용분야이기 때문입니다. 전도성 세라믹 분야는 부도체인 세라믹에 전도성을 부여하여 방전 및 와이어 컷이 가능케 함으로써 다양한 형태의 양각, 음각(3d 형상) 가공을 현실화 시킬 수 있기 때문입니다.

현재 생산 중인 신소재가 다른 나라에서 아직 시도

되지 않은 혁신적인 소재인데, 이를 활용하기 위한 글로벌 시장 진출 전략에 대한 계획을 알려주세요

현재 준비 중인 기술 상용화 준비 기간이 끝나면, Global 시장을 5개의 허브체제로 구축하는 마케팅을 계획하고 있습니다. 크게 동남아(태국, 말레이시아, 베트남등), 동북아(중국, 일본, 대만), 유럽, 북미, 남미 등의 카테고리를 중심으로 구축할 계획입니다. 향후 1년 내에 아시아권 허브 구축을 목표로 하고 있고 2년 내에 북미, 유럽 허브 구축을 목표로 하고 있습니다.

저희가 현재 예상하고 있는 바로는, 생산하는 신소재는 다른 나라에서는 아직 시도하지 않은 것입니다. 그러므로 약간의 난관이 예상되는데, 이를 돌파하기 위해서는 그 소재가 어떤 분야의 어떠한 제품에 적용될 수 있을지 소상히 파악해야 하기에 이에 관한 구체적인 계획을 수립하고 있는 중입니다.

세라믹 신소재의 주요 응용 분야, 그리고 산업 분야에서 그것이 어떻게 활용되는지 궁금합니다

첨단 세라믹은 반도체, 2차전지, 디스플레이, 스마트폰, 자동차, 각종 첨단 전자제품 분야 등에 필수적으로 활용되는 소재이고, 매우 고가입니다. 예를 들어 작은 스마트폰 한 개에도 1600개가 넘는 세라믹 부품이 들어가 있는 현실입니다. 그만큼 눈에 보이는 모든 제품에 녹아있는 것이 세라믹 소재들입니다. 저희는 하나의 산업분야에 단순 소진되는 소재는 물론이고 타소재와의 융합, 마이크로 기술과의 융합 등을 통한 새로운 신

소재 융합 기술을 모토로 삼고 R&D를 진행하고 있습니다. 첨단 세라믹 융합기술의 상용화와 반도체나 기타 의료 분야에 들어갈 수 있는 소재 또는 부품, 기술개발을 위하여 다양한 회사들 및 국책 연구 기관과 함께 협의하고 있습니다.

세라믹 신소재의 미래 전망에 대해 어떻게 보십니까

신소재의 경우 앞으로도 시장의 크기가 지속적으로 팽창할 것으로 예상합니다. 세라믹을 대체할 수 있는 물질은 거의 없기 때문입니다. 대체 물질이 나오지 않는 한, 이와 같은 추세는 유지될 것입니다. 미래에도 첨단 세라믹은 다양한 분야에 활용될 것입니다.

탄소 발자국을 줄이기 위한 프로젝트나 환경적 이점을 알려주세요

세라믹이 한번 만들어지면, 높은 확률로 재활용이 가능합니다. 그러므로 그것을 다시 회수하여 리사이클링을 할 수도 있는 것이죠. 일반 소재들도 요즘은 리사이클링을 하긴 하지만, 세라믹만큼의 회수율에 도달하기는 어렵습니다. 리사이클링을 더욱 활발히 해서, 순환 시스템을 단단하게 구축하는 것이 현재의 목표입니다.

세계적인 기업으로 성장하기 위해서 어떠한 노력을 기울이고 있나요

저희는 시장을 활성화하는 데에는 자신이 있습니다. 신소재라는 사업 아이템이 갖는 경쟁력 덕분이죠. 저희는 과거에 진행했던 사업의 일환으로 생각하고 있지만 사실 첨단 세라믹 분야에선 이제 시작한 신생 기업이라고 할 수 있습니다. 하지만 이러한 방향성은 20년 동안 사업에 매진한 결과로 얻은 노하우에 기반한 것이기 때문에, 이를 적극적으로 브랜드화하여 세계적으로 인정받는 독보적인 기업으로 (주)이선테크를 성장시키는 것이 저의 목표입니다.

협력을 통해 기술적 혁신을 이루고자 하는데, 어떠한 협력을 모색하고 있나요

현재 저희 부설연구소가 고가의 첨단 시험장비를 저렴하고 효율적으로 이용할 수 있는 세라믹 신소재원단이 있는 강릉소재 강

원테크노파크에 입주해 있어서 신소재 지원팀과 실무적인 유대관계를 가지고 있습니다. 또한 강릉 세라믹산업단지 내 제휴 기업들과의 R&D 협력을 통해 실질적인 연구활동에 도움을 많이 받고 있습니다.

향후계획으로는 미래를 선도해 나갈 프로젝트를 기획, 진행하고 싶습니다. 즉, 아직까지 존재하지 않는 기술, 존재하지만 기술적인 문제로 미완의 기술, 하지만 미래를 위해선 꼭 필요한 기술개발을 위해 국가차원에서 지원, 협력해 줄 수 있는 프로젝트입니다.

대한민국만이 아닌 전세계에 꼭 필요한 프로젝트를 기획, 진행하고 싶습니다.

저희가 제안한 미래프로젝트에 국가차원에서의 강력한 협력과 지원이 가능하다면 세계시장에서도 큰 반향을 일으켜 세계 시장을 선도해 나갈 수 있을 것이라 확신합니다.

(주)신진에너텍
박진섭 대표

Park, Jin Sup

> " 기술 개발 분야에 종사하고 있는 사람들은 너나 할 것 없이 미래 사회 건설을 위하여 노력해야 합니다. 우리는 후손들에게 미래를 줘야 합니다. 우리가 사용하는 많은 기술은 지구를 파괴하는 데 일조했습니다. 이 점을 성찰하고, 잘못된 점을 보완하는 행동이 더욱 활발해졌으면 합니다. "

환경오염의 주범, 냉매 기술 개선에 앞장서다
(주)신진에너텍

냉장·냉동기 내부에서 사용되는 냉매는 환경 오염의 주요 원인 중 하나로 지목됩니다. 이에 따라 기후 변화 대응과 오존층 보호를 위해서는 냉매의 효과적인 관리가 필수적입니다. (주)신진에너텍은 이러한 냉매를 효과적으로 관리하고, 친환경적인 냉매를 개발하여 환경 오염을 최소화하는 기술을 개발하는 전문 기업입니다. 특히, 광학 방식을 활용하여 제상 시점과 종점을 정확하게 파악하는 '프로스트아이'를 개발하여 에너지 기술과 혁신적인 솔루션을 통해 환경 친화적이고 효율적인 에너지 생산 방식을 구축했습니다. (주)신진에너텍의 박진섭 대표는 17개의 첨단 특허 기술을 보유하고 있으며, 이를 바탕으로 에너지 절감 장치 개발의 선두에 서서 지속 가능성과 혁신에 대한 새로운 표준을 제시하고 있습니다. 냉동·냉장 등 에너지 관리 설비 전문 업체로 업계를 선도하며, 혁신과 지속 가능성을 결합한 비전 있는 기업으로 도약하기 위해 모든 역량을 집중하고 있습니다.

㈜신진에너텍 박진섭 대표님의 ESG 리더십이 궁금합니다

인간은 자연에서 왔고, 죽어서 자연으로 돌아갑니다. 그리고 자연이 없으면 인간도 없습니다. 자연은 인간의 삶에 있어 필수적인 조건인 것입니다. 우리는 무엇보다 자연을 생각합니다. 그래서 환경친화적인 기술을 개발하는 데 주력하는 것입니다. 나는 직원들에게 항상 자연을 사랑해야 함을 강조합니다. 그것이 우리 기업이 운영되는 동력이자, 지향점입니다.

콜라보뉴스가 주최하고 한국환경공단이 후원한 '글로벌 성장동력 2024 ESG리더십 콘퍼런스·시상식' 에서 (주)신진에너텍 박진섭 대표가 국회의원 표창장을 수여받고 기념촬영 포즈를 취하고 있다.

(주)신진에너텍만의 경쟁력은 무엇인가요

신진에너텍은 버려지던 에너지를 다시 활용하여, 에너지가 낭비되는 것을 최소화하는 기술을 개발했습니다. 응축 폐열을 이용하는 방식의 제상 시스템을 독자적으로 개발하여 활용한 것이 그 예입니다. 국내 기업 중에는 이런 기술을 개발한 사례가 없습니다. 신진에너텍은 냉장·냉동기 관련 에너지 절약 기술을 선도하고 있습니다. 우리는 이 점에 관하여 뿌듯함을 느끼고, 앞으로도 환경에 더 많은 도움이 되며, 더 효율적인 기술을 개발하기 위해 노력할 것입니다.

(주)신진에너텍은 어떤 분야의 사업에 주력하고 있나요

응용과학을 기반으로 한 분야의 사업에 주력하고 있습니다. 주 품목은 냉장·냉동 장비 제조입니다. 주력하는 사업에 활용될 각종 기술을 개발하고, 그 기술을 서로 융합하여 새로운 시너지 효과를 내게 하는 데 총력을 기울입니다.

(주)신진에너텍의 친환경 냉동 기술과 에너지 효율성 개선에 대해 설명해 주세요

우리의 기술의 초점은 냉매에 맞춰져 있습니다. 우리 기업은 친환경 냉매를 사용합니다. 기존에 쓰이던 냉매를 회수하여 버려지는 에너지를 최소화하는 기술이 실용화될 수 있도록 노력하고 있습니다. 구체적으로는, 에너지를 생산하는 데 필요한 원료인 석탄을 최소한으로 사용할 수 있도록 하는 기술입니다. 장비는 에너지 사용을 최소화하는 방향으로 작동되어야 합니다. 최근에는 에너지 관련 협회를 통해 유사 산업에 종사하는 기업들이 서로 협력하고 정보를 공유할 수 있도록 했습니다.

(주)신진에너텍의 관리 설비 솔루션이 적용된 사례가 있다면요

우리 기업은 우리 기업에서 생산한 장비뿐 아니라, 기존 장비에 대한 솔루션 또한 제공합니다. 에너지 사용과 재활용에 관련하여, 기존 제품과 규격이 맞는 제품을 얼마든지 제작할 수 있습니다. 이와 같은 기술을 활용하여 관리 설비 솔루션 요청이 들어왔을 때 효율적으로 문제를 해결할 수 있었습니다.

(주)신진에너텍이 해당 산업 분야를 주도하는데 할 수 있는 역할을

말씀 부탁합니다

민간 부문에서, 관련 회사들은 국산 제품을 쓰지 않습니다. 기술력, 제조 문제 등에 관하여 국산 제품이 조금 뒤처지기 때문입니다. 신진에너텍은 이 점을 공략합니다. 국산 기술이 국내에서 통용되고, 활발하게 이용될 수 있도록 하는 것입니다. 최근에는 신진에너텍의 기술에 대하여 해외에서도 호응을 얻고 있습니다. 우리 기업이 외국계 회사들과 견줄 만한 기술력을 보유하고 있다는 것이 증명되는 대목입니다. 하지만 신진에너텍은 해외 시장보다는 국내 시장에 주력하여, 우선 국내의 경쟁력을 키우고 국내에 뿌리를 내리려고 합니다.

(주)신진에너텍의 성과와 성장 목표가 궁금합니다

공공 부문에 우리 기업의 기술이 적용된다면 매출이 더욱 상승하

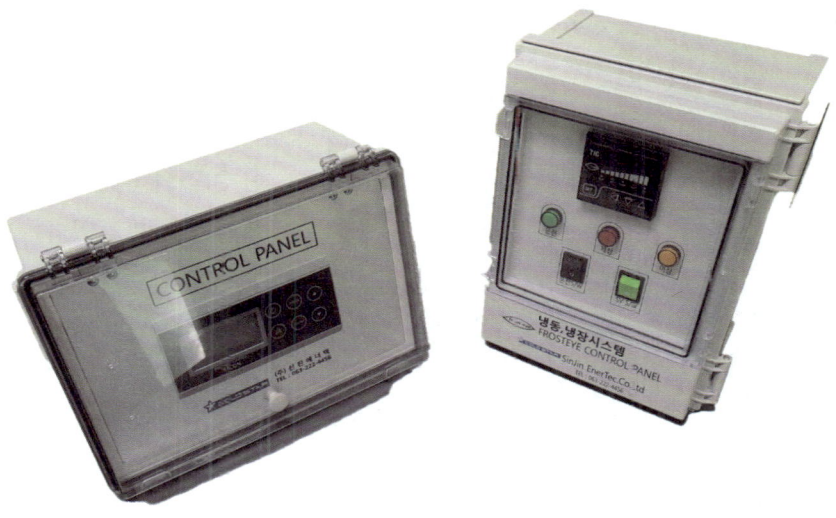

고 기업이 성장할 수 있는 발판이 마련될 것입니다. 그리고 우리는 무엇보다 미래 지향적 가치관을 내재하고 있습니다. 공공 부문을 넘어, 일반 소비자들이 우리 기업의 기술을 누릴 수 있게 되어서, 친환경 기술이 더욱 널리 퍼질 수 있게 된다면 좋겠습니다. 그리고 친환경 기술의 중요성을 누구나 인식하는 사회를 만드는 것이 성장 목표입니다.

기업을 운영하며 어려운 점을 극복한 사례가 있다면요

기업을 처음 운영하던 당시에는 많은 어려움이 있었습니다. 아예 맨땅에서 자생하여 기술을 개발하는 것이 힘들었습니다. 아무리 좋은 제품을 개발하더라도, 저작권, 특허권 등의 문제로 인하여 그것을 해결하는 데 많은 에너지를 허비했습니다. 기술을 개발할

때도 많은 시행착오를 겪었습니다. 하지만 그러한 실패들이 지금의 (주)신진에너텍을 만들었다고 생각합니다. 오랜 세월을 거쳐 형성된 기존 산업에 뿌리 내리고 있는 기득권층은 쉽게 타파되지 않습니다. 그것이 새로 사업을 시작하는 벤처인들이 겪는 시련입니다. 그것을 이겨내는 힘은 단시간에 길러지지 않습니다. 그저 감내하며 버티는 것이 답이었던 것입니다.

성장 목표 달성을 위하여 관계 기관에 바라는 점을 말씀 부탁합니다

시대 흐름과 전망에 대하여 확실한 대응이 필요합니다. 현 시대가 가장 신경 써야 할 부분은 무엇보다 환경이고, 환경 관련 기술이 조명을 받아야 합니다. 관계 기관은 우리나라가 환경 관련 기술에 선두에 서도록 하기 위하여 기술 개발 투자를 아끼지 말아야 합니다. 물론, 당장 기술의 과실을 얻기에는 어려울 수 있습니다. 하지만 투자가 없다면 미래의 과실을 포기할 수밖에 없습니다. 투자가 절실합니다.

개인적인 꿈을 말씀해 주세요

그동안 많은 성과를 거두었습니다. 그리고 그 성과가 여러 분야에 응용이 되고 있습니다. 이런 과정이 더욱 활발해졌으면 합니다. 제품에 활용되는 분야가 더욱 넓어지면, 그에 맞춘 개발이 더욱 활발해질 수 있을 것입니다.

한국환경공단
안병옥 이사장

Ahn, Byung Ok

> " 한국환경공단은 국가 환경관리 업무 대부분을 현장에서 집행하고 있습니다. 기후/대기, 물 관리, 자원순환, 환경안전(화학안전) 등 다양한 업무를 담당하고 있습니다. 국립공원 관리, 생태 연구조사 같은 업무를 제외하면 거의 대부분이라 할 수 있습니다. "

지속할 수 있는 환경 경영을 통한
국가 발전 총력
한국환경공단

환경부 산하 한국환경공단은 탄소중립 사회로의 이행을 효과적으로 도모하기 위한 기관으로, 다양한 분야에서 활동하며, 자연보호, 기후대기, 물과 자원순환, 화학 안전, 국가 환경 등 다양한 사업을 운영하고 있습니다. 이들 사업은 전국에 설치된 지부를 중심으로 이루어지며, 지역 특성에 따라 다양한 활동이 이뤄지고 있습니다. 재생에너지와 스마트 하수도 사업에도 주목하고 있습니다. 디지털 기술을 활용한 혁신적인 사업을 추진하고 있으며, 이러한 노력을 통해 국제사회에서도 주목받고 있으며, 특히 환경 관리 시스템의 디지털 기술 도입에 대한 국제적인 관심이 높아지고 있습니다. 한국환경공단 안병옥 이사장은 공단에서 관리하는 사업을 총괄하며 우리나라의 환경 문제를 개선하고 환경공단의 운영이 설립 목적에 부합하는데 총력을 기울이고 있습니다. 한국환경공단 안병옥 이사장은 ESG 가치비전을 위해 구성원들이 노력하고 있고, 앞으로도 노력할 것이라 역설했습니다.

한국환경공단이 다루는 다양한 분야와 관련된 사업에 대해 더 자세히 알고 싶습니다

상당히 다양한 분야를 다루고 있습니다. 자연보호, 기후대기, 물을 비롯한 자원순환, 화학 안전, 국가 환경 등과 관련된 사업이 그 예시입니다. 사업 운영의 중심이 되는 지부는 전국에 걸쳐 설치되어 있습니다. 따라서 각 조직 간의 정보 교환이 원활하고, 전체적 상황을 통제하는 것이 용이합니다. 또 지역마다 특화된 조직이 서로 다른데, 그 예시로 대구의 경우에는 물 산업 클러스터가 형성되어 있어 제품 개발이나 위탁 관리, 기술의 수출 등이 활발히 이루어지고 있습니다. 그러나 국립공원 관리나 환경 연구 조사 같은 경우에는 따로 그것을 관리하는 기관이 있어서 환경공단에서는 그러한 것들을 관리하지 않습니다.

그중에서도 특화 사업이 있는지 알려주세요

재생에너지가 주목받는 시대입니다. 환경공단에서도 이를 인지하여 재생에너지 사업을 새로 운영하고 있고, 반응이 좋습니다. 그리고 최근 '스마트 하수도' 사업이 주목을 받고 있습니다. 하수처리 과정에 디지털 시스템을 도입하여, 더 효과적인 하수처리가 가능하게 하는 것입니다. 하수처리 외에 폐수 처리, 쓰레기 소각장 등의 시설에도 최근 디지털 기술이 하나둘씩 접목되고 있습니다. 따라서 효율성, 정확도 등이 상승했고, 이는 여러 나라의 귀감이 됩니다.

스마트 하수도 구축 사업도 물 산업 중 하나겠네요

하수도 관련 기술 연구를 포함하여 현장에 직접 적용할 수 있는 실용적 연구를 주로 하죠. 하수도, 하수처리장의 처리 효율을 높이기 위해 디지털 기술을 접목하여 정확하게 측정, 모니터링, 제어하는 등 새로운 기술을 도입하여 효율성을 높이는 연구를 하고 있습니다. 또 그 과정에서 재생에너지를 생산한다면 탄소중립에도 큰 도움이 되겠죠. 물 본부가 주관하여 추진하고 있습니다. 또 통합 바이오가스 사업이 있습니다. 유기성 폐기물, 가축분뇨, 사람 분뇨, 음식물 쓰레기, 하수처리 슬러지 등을 활용하기 위한 사업입니다. 이를 활용하여 에너지를 생산하죠. 서산의 바이오 가스 사업장은 작년에 아랍에미리트로부터 에너지 어워즈를 받았습니다. 선도적 사업장입니다.

재생에너지 사업 중 주목할 만한 것은 무엇인가요

통합 바이오가스 산업입니다. 재생에너지 사업 중 하나인 통합 바이오가스 산업은 유기성 폐기물 등에 내재된 열량을 사용하여 바이오 가스로 만드는 것입니다. 수질 오염의 원인 중 가장 심각한 것이 유기성 폐기물에 의한 것인데, 통합 바이오가스 산업을 통해

수질 오염의 심각성을 낮출 수 있습니다.

환경공단이 디지털 기술과 빅데이터를 도입해 관리 기술을 개선하고 있고 해외에서도 주목받고 있습니다

전 세계적으로 환경 관리 시스템에 디지털 기술을 도입한 경우는 많지 않습니다. 따라서 우리나라가 관리 기술을 수출하고 있기도 합니다. 서산에 있는 디지털 시스템의 경우 아랍에미리트 에너지 어워즈에서 수상했습니다. 이를 바탕으로 환경공단에서는 디지털혁신처 등을 신설하여 내부 간부들과 빅데이터에 기반한 기술을 도입하기 위해 노력하고 있습니다. 환경공단에는 우리나라에서 생산되는 환경 관련 데이터들이 모이고, 이를 관리하기 위함입니다. 관리에 활용된 데이터 등도 국민에게 투명하게 공개되도록 세세한 품질 검토를 거칩니다. 이러한 이유와 더불어, 우리나라는 비교적 빠르게 산업화가 진행된 국가이기 때문에 개발도상국에서 적용할 사례로서 활용되고 있습니다.

우리나라의 탄소중립 사회로의 이행 과정과 전반적 자원순환 상황은 어떠한가요

우리나라는 국가 예산을 온실가스 감축 관점에서 집행하고 있습니다. 미리 국회에서 관련 예산을 집행하는 것인데, 이는 전 세계적으로 유례가 없습니다. 탄소중립 법도 탄탄하고, 로드맵 수립도 체계적입니다.

자원순환 상황은 분리배출 시스템이 잘 되어 있고, 시민들도 활발히 참여합니다. 하지만 자원순환의 구체적 과정에 대해서는 대중적으로 잘 알려지지 않았기 때문에 이 부분이 고민입니다. 따라서 자원의 순환 과정을 일목요연하게 만들어 국민에게 알리는 방안을 고안 중입니다. 여기서 의견으로 나온 것이 통계를 활용하자는 것입니다. "측정 없이 대처할 수 없다"라는 말이 있습니다. 한국환경공단은 다양한 데이터가 모이는 곳이기 때문에 원활한 측정

이 가능합니다. 이를 위해 여러 기술에 대한 지식이 해박한 이들과 협력하고 있고, 상세한 정책 가이드라인을 만들고자 모두가 머리를 맞대고 있습니다.

환경 공단에서의 ESG 경영은 어떻게 이루어지고 있는지요

환경 공단 자체에서도 ESG 경영을 대단히 중시합니다. 공단에서는 특히 E(environmental)에 중심을 둡니다. S(social)와 G(governance)는 간접적으로 부여되는 책임입니다. 우선 환경 공단의 예시로 보면, 기후 대기 분야에서 필요한 기금을 운용하고 있으며, 온실가스 배출을 감축하기 위한 배출권 거래제 등의 정책을 지원합니다. E에서 중요한 것은 2040년까지의 탄소 중립 사회 조성과 다양한 사업 간의 연계와 융합입니다. 환경공단에서는 200여 개의 사업을 운영하고 있는데, 이러한 사업 간 연계를 탄탄히 할 때 시너지 효과가 극대화됩니다. 가령, 물 순환 없이 자원순환은 불가능합니다. ESG 사업을 통해, 사업 간의 연계와 융합 효과가 최대한 발휘될 수 있도록 고도화 작업이 진행 중입니다.

S는 어떤 도움을 주고 있는지요

S의 경우, 지자체와 산업체와 협력하여 운영되고 있습니다. 지자체와 산업체 단독으로는 탄소 중립적 정책을 실천하기 어렵습니다. 따라서 환경공단에서 다양한 지원을 하고 있습니다. 대표적으로 ACT 센터는 assist, consulting, together를 중심으로

운영되는데, 이를 통해 공단에서 인적, 물적 여건을 지원합니다.

G는 어떤 방식으로 이행되나요

G의 진행 방법에는 환경 공단의 취약한 점을 보완하는 방식이 있는데, 안전과 청렴도를 강화하는 것이 그 예시입니다. 청렴은 이해관계자들이 많아서 발생하는 문제입니다. 그러나 환경 공단은 관리를 효과적으로 진행하고 있어서 최근의 청렴도 평가에서 2등급을 받았습니다. 전에는 4, 5등급을 받았던 것과 비교하면 눈에 띄게 개선된 성과입니다. 구성원들도 청렴을 중요한 가치로 인식하는 20~30대가 60%에 달하기 때문에, 최근의 환경 공단 청렴도는 걱정하지 않아도 되는 문제입니다.

글로벌 차원에서 환경 문제를 주도하는 역할을 하고 계시는데, 어떻게 국제사회에서 주목받고 있는지 어떠한 성과를 이뤄내고 있는지 알려주세요

미세먼지가 큰 화두가 되고 있는데, 이에 대비하기 위해 미세먼지 대기질 확인 애플리케이션을 운영하고 있습니다. 이 애플리케이션은 환경 공단에서 개발하였으며, 수집된 데이터를 제공합니다. 해외에서도 미세먼지 관련 정보를 제공하는 애플리케이션이 있지만, 우리나라의 것이 더욱더 체계적입니다. 또한, 전 세계적인 미세먼지 상황을 제공하는 애플리케이션도 있지만, 민간에서 운영되기 때문에 정보의 정확성이 떨어지는 경향이 있습니다. 앞서 언급한 대로, 해외에서는 우리나라의 환경 시스템을 주목하고 있는데, 미세먼지 앱 또한 그런 부분에서 인정받고 있습니다.

국내의 축적된 기술이나 정보를 글로벌 차원에서 도움이 되는 방향으로 관리하려고 노력하고 있습니다. 이를 위해 글로벌 전략실을 설치하여 운영하고 있습니다. 또한, 한국환경공단이 국제환경협력센터로 지정되었습니다. 이렇게 글로벌 차원에서 환경 문제를 주도하는 역할을 하고 있습니다.

㈜준영폴리켐
김진욱 대표

Kim, Jin Wook

> "세계적으로 우수한 접착제는 이미 충분히 알고 있습니다. 이에 따라 향후 트렌드 파악이 가능한데요. 이미 오랫동안 자리 잡은 글로벌 기업들이 많아 쉽지 않겠지만, 언젠가는 최고의 접착제를 생산하는 접착제 제조사로 성장하고 싶습니다."

글로벌 경쟁을 주도하는
스마트한 선택, 스마트한 접착제 기술
㈜준영폴리켐

전기자동차의 급속한 성장에 따라 미래 자동차 산업에서 필수적인 역할을 하는 접착제의 기술력이 ESG 비전과 어우러져 높은 주목을 받고 있습니다. ㈜준영폴리켐은 전기자동차의 성장에 따른 스마트한 접착제 수요에 적극 대응하며, 미국, 일본, 독일 등에서 우수한 접착제를 수입하여 국내에 공급하고 기술 검사 및 시험용역, 컨설팅, 마케팅을 진행합니다. 어떤 분야에서 어떻게 사용되는지에 따라 다양한 솔루션을 제공하고, 가격과 성능의 균형을 맞춰 사용자에게 최적의 접착제를 제공합니다. 투명경영과 협력 전략, '고객의 만족'까지 결합한 최적의 솔루션으로 세계 접착제 시장에서 신뢰를 얻고 있는 ㈜준영폴리켐 김진욱 대표는 글로벌 경쟁우위를 위해 나아가고 있습니다.

(주)준영폴리켐이 추구하는 ESG 경영 철학을 듣고 싶습니다

한마디로 표현하자면 '청렴함'입니다. 근무 환경을 청결하게 유지하고 재무적으로 투명성을 갖추고 있습니다. 또한, ESG 경영에서는 기술력이 중요한데, 접착제가 이 부분에서 큰 역할을 합니다. 자동차 산업과 관련하여 친환경 제품 및 기술을 개발하고 도입하여 환경 영향을 최소화하려고 노력합니다. 조직 내 다양성을 증진하고, 공평하고 포용적인 환경을 조성하여 모든 구성원이 참여할 기회를 제공합니다.

환경 문제로 인해 전기 자동차 시장이 커지고 있는데, 전기자동차 자율 주행에 따라 스마트한 접착제가 주목 받고 있습니다. 치열한 사업 분야에서 어떻게 경쟁력을 유지하고 계신가요

전기자동차로 나아가려면 배터리 모터의 소형화와 고출력화, 효율 극대화가 핵심입니다. 좁은 공간에서 고효율을 달성해야 합니다. 기존의 조립 방식으로는 많은 공간을 차지하여 최대한 접착제를 사용하고 생산해야 합니다. 냉각 시스템과 같은 부분은 추가되고, 볼트처럼 조립을 위한 도구들은 빠지다 보니 이 사이를 접착제가 대체하게 되었습니다. 가벼우면서도 작지만 오랫동안 버틸 수 있는 배터리를 만들기 위해 접착제 분야가 확장되고 있습니다.

외국의 우수한 접착제를 소개하고 판매하고 있습니다

외국의 우수한 접착제를 한국 대기업에 소개하고, 기술 지원 및 판매하는 회사입니다. 세계 접착제 시장은 아직 한국의 기술력이 따라가기 어렵고, 특히 전기·전자와 디스플레이 분야에서는 지속해서 새로운 접착제 수요가 있습니다. 따라서 미국, 일본, 독일 등에서 우수한 접착제를 수입하여 한국에서 판매하고 있습니다.

글로벌 시장 진출 및 경쟁 전략이 있을까요

제작 계획은 있지만 아직은 시기상조로 보고 있습니다. 해외 접착제 업체는 130년 이상의 역사를 가지고 있습니다. 한국의 자동차나 핸드폰이 국제적으로 성공하려면 130년의 노하우가 필요합니다. 이러한 이유로 우리는 연구소를 설립하여 이러한 기술

을 연구하고 있으며, 나아가 해외에서의 영업도 고려 중입니다.

산업용 접착제의 수요 변화에 따른 대응 전략이 있다면요

저희는 산업용 접착제를 판매하며 600여 개의 제조업체와 거래를 하고 있어 산업 전반의 움직임을 볼 수 있습니다. 저조업이 조금씩 줄어들고 있는 부분이 우려스럽지만, 그에 대비해 내실을 다지고 고품질 제품으로 나아가고 있다고 긍정적으로 보고 있습니다.

(주)준영폴리켐이 협력 중이거나 앞으로 협력 예정인 곳이 어디인지 궁금합니다

현재 LG전자, LG디스플레이, 현대케피코, 현대모비스 등의 대기업 계열사에 제품을 납품하고 기술 협력 중입니다. 또한, 현대자동차와의 협력이 진행 중이며 SK온 배터리와도 협력하고 있습니다. 그뿐만 아니라, (주)준영폴리켐 외에도 전기 자동차 분야에서 추가 창업한 EV케미컬 회사가 있어 그 영업도 진행 중입니다.

창업을 결심한 이유는 무엇이었나요

처음에 삼성자동차 엔진 설계 분야에 종사하면서 접착제에 관한 업무를 알게 되었습니다. 이후 전자 회사로 이직하면서 접착제에 대해 깊이있게 배우게 되었습니다. 접착제에 몰두하면서 사업의 비전을 확신하게 되었습니다. 당시 IMF로 인해 사회적, 경제적 환경이 어려운 상황이었지만, 창업 전선에 뛰어들었고 어느덧 11년차 접착제 유통회사의 대표로 일하고 있습니다. 계속 버텨내어 현재로서는 11년이 되었습니다. 원래는 삼성차 엔진 설계 분야에 종사하다가 접착제 사업을 시작했는데, 이 시장에서는 기계 공학 지식이 필요하고 이 부분에서 도움이 되었습니다.

최적의 접착제를 선택하는 노하우를 알려주세요

단순히 접착제만을 살펴보았을 때, 어떤 것이 우수한 접착제인지는 판단하기 어렵습니다. 어떤 분야에서, 어떻게 사용되는지에 따라서 적합한 접착제가 필요합니다. 가격과 성능의 균형을 맞추어 그런 접착제를 찾아내고 입증하는 것 자체가 기술입니다. 저희는 이러한 접착제 관련 기술에 대해 20년의 노하우를 쌓아왔습니다. 자체적으로 연구소를 설립하여 독립적인 테스트를 시행하며, 모든 기술적 데이터를 보유하고 있습니다. 연구소를 운영하는 접착제 대리점으로서 한국에서 유일한 위치에 있습니다. 어떤 프로젝트를 수행하더라도 저희의 경험을 통해 최적의 접착제를 선택할 수 있는 회사로 자부심을 가지고 있습니다.

하은호 군포시장

Ha, Eun Ho

> "'도시를 가치있게 시민을 행복하게'라는 슬로건으로 시작한 민선 8기는 변화하기 시작했습니다. 도시 외관이 바뀌고 공간에 대한 재구성이 진행되고 있습니다. 현대 도시민의 삶을 바꾸는 가장 큰 요인이 공간입니다. 공간이 바뀌면 의식이 바뀝니다. 나는 우리 시민들이 어디를 가서든 '나 군포 살아요'라고 자랑스럽게 말하는 도시를 꿈꿉니다. 주거 공간이 쾌적해지고 나면 수리산과 반월호수라는 천혜의 자연환경 속에 사통팔달의 교통 편의성을 지닌 수도권 최고의 살기 좋은 도시가 되리라고 확신합니다."

ESG 정책으로 지속가능한 '군포'
환경, 사회, 거버넌스를 향한 도전
하은호 군포시장

군포시는 지속 가능한 사회를 구현하고자 ESG(환경, 사회, 거버넌스) 정책을 수립하고 있습니다. 이는 지속 가능한 군포를 향한 노력의 하나로, ESG 환경, 사회, 거버넌스에 대한 업무를 담당하는 다양한 부서들이 협력하고 있습니다. 군포시는 민간기구의 제안을 수용하고, 직원들을 대상으로 꾸준한 ESG 교육을 실시해 이해도를 높이고 있습니다. 또한, 지자체와 시민들이 함께 참여하는 활동을 통해 지속 가능한 사회를 실현하고자 노력하고 있습니다. 아울러 대단위 공업지역을 보유한 군포시는 입지적인 강점을 활용해 공업지역 재개발 등을 통해 지역산업을 육성하고 오는 2030 군포공업지역기본계획을 수립해 미래 첨단사업을 촉진하고자 합니다. 하은호 군포시장은 시민과의 소통을 강조하며 변화와 혁신을 이끌어내기 위해 민관협치 기구를 운용하고 있습니다. 민간기구와의 협업, 지속적인 교육으로 전 직원의 ESG 이해도를 높이고, 지역사회와의 협치를 통해 오는 2050 탄소중립중장기계획을 수립하며 지속가능한 도시로의 발전을 목표로 삼고 있습니다.

공공부문 ESG 이해교육

군포시의 ESG정책을 소개 바랍니다

지속 가능한 사회를 만드는 것이 ESG의 목표입니다. 군포시가 ESG 정책을 세우는 데 우선하는 개념도 지속 가능한 군포입니다.
ESG의 환경, 소셜, 거버넌스는 행정의 어느 한 부서가 아닌 전 부서의 역량이 동원되어야 합니다. 현재는 환경, 교통, 에너지, 생태녹지, 위생자원, 건설, 기업정책과 등 실무부서별 관련 업무가 나누어져 있고 대부분의 지자체는 ESG 관련한 민간기구의 제안을 수용할 전담 부서가 없습니다. 결국 전 직원의 이해도를 높여야 해결할 수 있습니다. 저부터 ESG 교육을 수

시로 받고 있습니다. 아울러 본청과 도시공사 등 유관기관 직원들이 지속해서 ESG 교육을 통해 이해도를 높이고 에너지, 환경 등 정책에 반영하고 있습니다. 또한 군포환경한마당 등 시민과 함께 하는 사업을 이행하고 있습니다.

이런 기조 위에 군포시는 2021년 경기 희망 에코마을 조성 사업에 선정되고 2022년 2050 탄소중립 중장기계획을 수립하고 탄소중립 녹색성장 조례를 제정했습니다. 올해는 탄소중립 지원센터 설립을 계획하고 있습니다.

군포시가 기업의 경쟁력 제고를 위해 중소기업 자금 지원, 기술 개발 지원, 소상공인 자립기반 조성, 상권 경쟁력 강화와 같은 다양한 사업을 추진하고 있다고 하셨습니다. 이러한 지원 사업에 대한 세부적인 내용과 어떤 성과를 기대하고 있는지 알려주세요

군포시는 수도권 교통의 요충지이자 산본 신도시 등 배후 주거 단지도 보유하고 있어 입지적으로 강점이 있는 도시이며,

또한 일자리 창출을 할 수 있는 대단위 공업지역을 가지고 있는 잠재력이 풍부한 도시입니다.

당정동 공업지역은 과거에 구로공단 아래 가장 큰 공업지역으로 섬유, 기계, 화학 등 다양한 기업들이 왕성하게 활동하였으나, 시간이 지남에 따라 산업계가 재편되고 기업들이 해외나 지방으로 이전을 하면서 현재는 빈 곳들이 있어 재개발해야 할 상황입니다.

현재 옛 유한양행 부지가 공업지역 활성화 시범사업 지역으로 지정되어 전국 최초로 공업지역 정비사업을 추진하고 있으며, 주변 당정동 공업지역도 지역산업 혁신을 촉진하고 주변 지역 정비를 견인할 수 있도록 개발해 나갈 계획입니다.

이를 위해 2023년 12월 전국 최초로 2030 군포 공업지역 기본계획을 수립하였고, 과거 제조업 중심에서 미래 첨단사업을 품고 세계로 도약하는 산업변화의 중심, 군포 공업지역을 목표로 공업지역 정비사업을 추진해 나갈 계획입니다.

또한 기업의 경쟁력 제고를 위한 중소기업 자금 지원과 맞춤형 기술 개발 지원, 소상공인의 자생력 강화를 위한 소상공인 자립기반 조성과 지역 상권 경쟁력 강화 사업을 지속해서 추진하고 노동자의 권리보호와 복지 강화에도 관심을 기울이고 지원하겠습니다.

경부선과 47번 국도 지하화는 군포시의 교통체계를 개선하고 도로 상황을 향상할 수 있는 중요한 과제로 지목하고 계셨습니다. 이에 대한 구체적인 계획과 추진 일정이 어떻게 되는지 알려 주실 수 있을까요

한얼공원에 자리한 그림책꿈마루의 전경

경부선과 47번 국도 지하화가 시급하고 중요한 문제입니다. 군포를 네 구역으로 갈라놓은 도로가 지하로 들어가면 상부 공간을 하나로 만들 수 있습니다. 현재도 상습정체를 빚는 대야미~금정역 구간은 3기 신도시 개발 뒤에는 더 큰 문제를 야기할 것이기에 지하화는 꼭 성사되어야 합니다. 아울러 군포시 남쪽에서 수원, 안산 등 수도권 남부를 잇는 철도망에 대한 계획도 추진되어야 합니다.

1기신도시특별법을 최초 주장했던 나는 기존도시에 대한 배려를 담아야 한다고 수정안을 요구했습니다. 결국 노후도시재정비특별법이라는 이름으로 입법되어 다행입니다. 산본신도시 정비기본계획 수립, 주거정비 통합지원센터 운영, 금정역 주변 종합 개발계획 수립, 군포역세권의 도시재생 뉴딜사업, 군포역사

좌측 위) 수리동 이동시장실 현장점검 / 우측 위) 청소년진로박람회
좌측 아래) 군포시장 노인복지관 배식봉사 / 수리동 이동시장실 현장점검

현대화사업 추진, 대야미 공공주택지구 조성 등을 통해 도시 재정비 사업에 주력할 것입니다.

교육복지 지원 확대를 통해 지역 사회에 어떤 긍정적인 영향을 주고자 하시는지 자세히 알려주세요

보편적 교육복지 실현을 위해 청소년 체육복비와 체험학습비 지원을 확대하고 초등학교 입학축하금을 지급하였으며 급변하는 사회환경 변화에 대응하는 디지털 역량강화 교육 등 평생교육을 확대하고 청소년 전용카페 운영 활성화를 통해 청소년의 건강한 성장을 지원하고 있습니다.

 I-CAN 플랫폼을 개관으로 청년들의 역량개발과 자립기반 마련을 지원하여 미래를 짊어지고 나갈 세대의 밝은 성장을 위한 환경을 조성해 나갈 계획입니다.

아울러 고령자 계층이 문화적으로 소외되지 않도록 실버도서관 공간을 마련하고 노년 인문학 등 고령자들을 위한 문화프로그램을 운영하고 있으며, 도서관과 박물관이 함께 조성된 복합문화공간 그림책꿈마루를 통해 그림책 콘텐츠 거점도시를 구현해 나가고 반월호수 공연장 조성과 예술인 상시 공연을 통해 일상 속 문화생활 향유 기회를 확대해 나갈 계획입니다.

임신·출산에 대한 공적 지원이 확대되고, 육아 나눔터, 다함께

2030 군포공업지역기본계획 공청회

돌봄센터, 안심어린이집이 확대되어 아이키우기 환경이 개선되고 있다고 하셨습니다. 이러한 정책이 어떻게 시행되고 시민들에게 어떤 혜택을 제공하고 있는지 알려주세요

임신·출산에 대한 공적 지원 확대, 육아 나눔터와 다함께 돌봄센터, 안심어린이집 확대를 통한 보육의 공공성 강화로 아이키우기 안전한 보육환경을 조성하고 어르신 장수축하금과 교통비를 지원하여 어르신들의 경제적 부담을 완화하였습니다.
소외된 지역에 가족센터, 송부종합사회복지관, 장애인센터, 송정건강생활센터 조성으로 지역 간 균형 있는 복지 인프라를 구축하여 시민 모두가 행복한 삶을 누리는 건강한 지역사회를 실현해 나갈 예정입니다.

살기 좋은 도시와 아이키우기 좋은 군포를 만드는 것이 중요하

어르신 교통비 지원 협약식

위) 실버도서관 여유당
아래 좌) 노후주거환경 정비를 위한 실시협약식/아래 우) 광정동 이동시장실

다고 말씀하셨습니다. 이를 위해 어떠한 정책이나 프로젝트가 추진되고 있으며, 현재까지 어떠한 성과가 나왔는지 알려주실 수 있을까요

인구감소 특히 저출산의 문제는 지자체의 노력으로 해결하기에는 어려운 문제입니다. 다만 살기 좋은 도시, 아이키우기 좋은 군포를 만드는 것이 기본이라고 생각합니다.
산본신도시와 기존도시 재정비를 통해 노후된 주거환경을 개선하고 공업지역 개발 등을 통한 지역산업 육성으로 일자리가 있는 도시를 만들겠습니다. 특히 청년세대들이 지역에 애정을 갖고 정착할 수 있도록 청년지원 정책에 더 관심을 가지고 지원할 계획입니다.

다양한 채널을 통해 시민과 현장의 목소리를 듣고 시민 중심의 시정을 이끌어 가신다고 하셨는데, 이를 통해 시민들이 어떻게 참여하고 계신지 설명해 주세요

변화는 소통에서 시작됩니다. 시민분들이 조금이라도 찾기 편하시라고 취임하자마자 시장실을 1층 현관 앞으로 옮겼고 좀 더 편안하게 접근하시도록 시장직통 문자서비스를 개통해 시민들과 소통하고 있습니다.
민원 현장으로 찾아가 시민들과 함께 해법을 고민하고 시정 현안에 대해 이야기 나누는 이동 시장실을 매월 운영하고 있습니다. 지난해에는 군포시 12개 모든 행정동에서 찾아가는 이동 시장실을 진행하였습니다.
시민분들이 직접 정책을 발굴하여 제안하는 민관협치기구인 시민행복위원회도 운영하고 있습니다. 지난해에는 시민의견 수렴과 관계부서와 협치를 거쳐 22건의 의제사업을 발굴 제안했습니다.
이 외에도 다양한 채널을 통해 시민과 현장의 목소리를 듣고 시민을 먼저 생각하는 시민 중심의 시정을 이끌어 가겠습니다.

2024년 군포시정은 '변화를 확인해는 해'가 설정한 시정 목표 중에서 어떤 구체적인 변화가 예상되고, 이를 위해 어떤 계획이

수립돼어 있나요

2024년도 군포시정은 '변화를 확인하는 해'가 될 것입니다. ▲변화하는 도시 ▲기업하기 좋은 도시 ▲교육문화 도시 ▲시민행복 도시 ▲경청하는 혁신행정 등을 올해 시정 목표로 삼고 최선을 다하겠습니다.

군포시 하은호 시장님의 개인적인 꿈이 궁금합니다

'군포를 살기 좋은 도시로 만들어 놓은 시장이었다'로 기억되고 싶습니다. 나는 여러 차례 실패를 겪으면서도 '간절하게 바라면 이루어진다'를 내 삶으로 입증해 왔습니다.

(주)아이티로
김도형 대표

Kim, Do Hyung

> " 이제는 기업과 사회에 지속가능성 향상을 위해 'ESG + 건강'해야 합니다. 건강과 직결된 실내공기질 관리는 지금 이 시대를 살아가는 우리에게 선택이 아닌 필수입니다. 공공주도의 인프라 확보를 기반으로 공기질 관리 생태계 조성을 통하여 건강한 노동자, 안전한 직장, 지속가능한 사회를 만들어 가야 합니다. 아이티로는 ESG GREEN 도시경영을 통해 누구나 '맑은 공기를 마실 권리'를 보장하고, 모두가 '삶의 질을 높이는' 실내공기질 관리 서비스를 제공하여 급변하는 환경 문제에 대응해 나가도록 하겠습니다. "

(주)아이티로 김도형 대표가 콜라보뉴스·ESG콜라보클럽 주최 제3회 ESG캠페인 '글로벌 성장동력 2024 ESG리더십 콘퍼런스'에서 ESG리더 연사발표를 하고 있다

ESG GREEN 도시경영,
누구나 누릴 수 있는 '맑은 공기를 마실 권리'
(주)아이티로

(주)아이티로는 AI, IoT, 빅데이터를 기반으로 한 플랫폼 소프트웨어 개발과 빅데이터 분석 서비스를 제공하며, 기후 위기에 대응하여 지속가능한 기후테크 기업으로 성장하고 있습니다. 아이티로의 핵심 서비스인 'Hooh 실내공기질관리 서비스'는 IoT 환경센서와 AI 알고리즘을 활용하여 실내 공기질을 모니터링하고 최적의 공기질을 제공합니다. 이 서비스는 WHO 실내공기질 관리지침과 국내 관리 기준을 초과하는 안전하고 깨끗한 공기질을 제공하며, 조달청 혁신제품으로 선정되어 다양한 분야에 서비스를 제공하고 있습니다. (주)아이티로 김도형 대표는 ESG 경영철학을 기반으로 에너지 절약 및 탄소 배출 저감을 고려한 친환경 제품을 개발하고, 노인복지관에 'Hooh 실내공기질관리 서비스' 기부 등 사회공헌을 진행하여 사회적 책임을 다하고 있습니다.

ESG 경영철학을 기반으로 한 지속가능한 경영에 대해 알려주세요

최근 기업과 지자체는 탄소중립 중장기 계획을 세우고 친환경 자재 사용 및 에너지 효율 극대화를 위해 노력하고 있으며, 생활 속 탄소중립 실천을 권고하는 등 전 세계가 후손들을 위한 50년, 100년 중장기 넷제로 활동을 하고 있습니다. 하지만 지금 이 시대를 살아가고 있는 우리는 어떤 안전을 보장받고 있을까? 생각이 듭니다. 최근 높아진 ESG 경영의 관심 속에 건강

부평구노인복지관 기증식 중 소개를 하고 있다

과 안전에 직접적인 영향을 주는 실내공기질 관리는 더 이상 선택이 아닌 필수입니다. 아이티로는 ESG 기반의 지속 가능한 경영을 추구하기 위해 에너지 절약(38배 비용 절약) 및 탄소 배출 감소(25배 탄소 배출 저감)하는 친환경 제품을 개발 및 서비스 공급하여 국민의 건강과 안전에 직결되는 실내공기질 관리 서비스를 제공합니다. 최근에는 건강 취약 계층인 노인들을 위해 '기부를 가치 있게, 노인의 삶을 가치 높게'라는 슬로건으로 부평구 노인복지관 급식실 및 조리실에 시스템 기증 행사를 진행하여 사회적 책임에 일조하였고 앞으로 더 많은 사회적 기여를 위해 노력하겠습니다. 전국 공공관리 시설의 30만 곳이 넘게 있습니다. 기후변화에 취약한 노인, 어린이, 여성 등이 하루 빨리 더 많은 혜택을 받으며 안전하게 숨 쉴 수 있도록 실내공기질 관리에 더욱 힘쓰고자 합니다.

ESG를 기반으로 한 주요 서비스와 비전을 알려주세요

아이티로는 2018년에 설립되어, 인공지능(AI), 사물인터넷(IoT), 빅데이터를 기반으로 플랫폼 소프트웨어 개발과 빅데이터 분석 서비스를 제공합니다. 스마트홈, 산업안전, 스마트시티 등 다양한 분야의 경험을 기반으로 기후위기에 대응하며 지속 가능한 기후테크 기업으로 성장하고 있습니다. ESG 기반으로 실내공기질 관리 서비스 중이며 '눈에 보이지 않는 공기를 눈에 보이게 관리'하여 24시간 365일 실내 공간에 청정한 공기를

'Hooh 실내공기질관리 서비스'를 기증한 부평구노인복지관 현장

제공함으로써 국민의 기본권인 '숨 쉴 권리와 안전하게 일 할 권리'를 더 많은 사람에게 보장하고자 합니다.

아이티로의 'Hooh 실내공기질 관리 서비스'가 어떻게 동작하며, 다른 기기나 서비스와 비교하여 어떠한 차별성이 있는지 설명해 주세요

성인 남자 기준 하루평균 공기 섭취량이 15리터~20리터에 달합니다. 초미세먼지, 미세먼지의 문제와 코로나19를 겪으며 실내공기질 관리에 대한 국민 인식이 변화하고 있습니다. 정부나 지자체 또한 공공주도로 공기청정기나 살균기 보급 사업에 큰 예산을 들여 진행하였으나, 공기청정기의 제한적인 성능과 한

부평구노인복지관 이지현 팀장, 콜라보뉴스 이수민 기자, (주)아이티로 이서연 이사(왼부터)

계, 관리 미흡 등의 이유로 오히려 오염된 실내 환경에 노출된 것이 현실입니다. 또한, 공기질 관리는 단순 청정만이 아닌 청정화, 살균, 환기가 복합적으로 이루어져야 합니다. 아이티로의 'Hooh 실내공기질 관리 서비스'는 IoT 환경센서를 활용하여 실내공기질의 변화를 감지하고, AI 알고리즘 기반으로 순수전자 발생을 통해 최적의 공기질을 유지할 수 있게 제공하여 WHO 실내공기질 관리 지침과 국내 관리 기준을 모두 초과하는 수준의 안전하고 깨끗한 공기질을 보장하고 있습니다. 최근에는 이러한 기술을 높게 평가받아 조달청 혁신제품(HooH-1000A)으로 지정되어 환경, 복지, 교육, 안전 등 분야 각 부처 공공시설에 서비스 구축 및 제안을 진행하고 있습니다.

- **실시간 환경 모니터링**
  실시간 모니터링을 통한 관리 지역의 환경 상태 확인

- **디바이스 원격 제어**
  웹과 앱을 이용하여 편리하게 디바이스 제어

- **청정구역 추천**
  사용자의 현 위치 기반 가까운 청정구역 추천 및 안내 지원

- **스마트 민원 신고**
  관리가 소홀하거나 불편사항 개선 위한 민원 신고 기능

실내공기질 관리 서비스를 제안하고 혁신제품(HooH-1000A)으로 선정되었는데, 이에 대한 경험을 공유해 주세요

실내공기질 관리 서비스를 공공에 제안하기 위해 2021년부터 꼬박 2년을 준비하고, 조달청 혁신제품(HooH-1000A)으로 선정되었습니다. 경기도 시흥시에서 시범사업을 진행해준 덕분입니다. 시청 개방형 화장실, 국민체육센터, 어울림센터 등 다양한 시범사업을 기반으로 조달청에 수요자형 공모사업도 함께 지원해 주었습니다. 기후위기 대응체계 구축의 하나로 임병택 시장님의 시흥시민에 '건강과 안전'을 생각하는 지속 가능한 ESG 도시경영의 철학을 느낄 수 있었습니다. 환경, 복지, 안전, 교육 등 다양한 분야의 사례를 확보하였으며, 시민이 이용하는 다중이용시설 및 기피시설 등에 HooH-1000A 실내공기질관리 시스템을 적용해 나가고 있습니다. 2024년에는 이미 산재로 분류되고 중대해처벌법에 해당하는 급식실 노동자 사망사고에 대해서 우선

확대 적용하기 위해 노력하려고 합니다. 조리 과정에서 발생하는 미세한 입자, 고농도 미세먼지(1급발암물질, 포름알데히드 등) 조리실 노동자를 위해 근본적이고 실질적인 환경개선 대책으로 안전하게 일할 권리를 보장하기 위해 노력해 나가겠습니다.

플랫폼 기반 실내공기질 관리 시스템이 어떻게 다양한 공공 시설과 연계해 서비스를 제공하는지 사례를 들어 설명해 주세요

지난 몇 년간 학교나 어린이집, 노인정 등 각 공공시설에 공기청정기 보급사업으로 1조 이상의 예산을 사용했고, 관리소홀과 기능적 한계로 사용하지 않거나 오염된 채 이용되고 있는 것이 현실입니다. 청정화 기능만 진행하는 청정기를 보완하기 위해 살균기의 등장도 있었으나 근접거리 살균에 유효하고, 피부암 발생 및 시력 저하를 유발하기도 하며, 고가의 유지관리비를 지급해야 합니다. 아이티로 조달청 혁신제품 HooH-1000A는 오존발생 없이 실내공기 청정화와 살균을 동시에 진행하고 라돈을 비롯한 각종 부유 바이러스 및 악취 저감에도 탁월한 기능을 제공합니다. 플랫폼을 구축하고 IoT 기반 1등급 센서를 설치/모니터링하여 데이터를 실시간 분석하여 실내공기질관리를 진행합니다. 필터 교환 없이 반영구적 사용이 가능한 순수전자 발생장치는 30평 기준 실내 공간에 적용 시 타사 제품에 비해 38배 비용절감 및 25배 탄소저감을 합니다. 아이티로의 플랫폼 기반의 실내공기질 관리 시스템은 타사의 단일 요소 기술과 달리 통합관리가 가능하고 협업툴로 활용될 수 있습니다. 앞으로

인프라가 늘어나면 각 지자체의 스마트시티 플랫폼과 연계하여 안전장소 추천 등 대시민 서비스를 제공할 예정입니다.

협력 및 파트너십에 대한 관점을 듣고 싶습니다

"빨리 가려거든 혼자 가라, 멀리 가려거든 함께 가라" 인디언 속담이 참 좋습니다. 국내 시장이 얼추 30만 개소 이상이고, 아이티로는 이 중 5% 시장을 공략하고 있습니다. 추후 저변확대를 위해서는 환경을 고려하고 미래를 걱정하는 함께하는 파트너십이 필수 요소입니다. 플랫폼 서비스를 제공하면서 느낀 것은 좋은 플랫폼에서 약속된 표준을 제시하고 개방하면, 좀 더 우수한 디바이스를 통해 고품질의 서비스를 제공할 수 있었습니다. 사업도 같은 맥락으로 아이티로라는 플랫폼을 개방하여 다양한 파트너들과 함께 즐겁게 나아가고자 합니다.

사업을 운영하며 어려움을 극복하고 보람을 느낀 사례를 공유해 주세요

2018년 창업 후 '의정부 나리벡 시티' 컨설팅 사업에 참여하게 되었는데, 대기 공기질 관리 솔루션을 제공해 보라는 제안을 받았습니다. 아무리 생각해도 스타트업이 할 수 있는 범위를 벗어난 것 같았고, 현재 전 세계적으로 50년 프로젝트로 진행 중인 넷제로 활동이 답이라고 판단했습니다. 그래서 실내 공기질 관리가 잘 이루어지는 대피소를 만들자는 목표를 세우고 기술 개발을 통해 각종 기관에서 인정받아 시스템 개발을 진행하게 되었습니다. 서비스를 개시할 준비를 마치는 순간 이름도 생소한 '코로나19'가 발생하면서, 구호 물품과 위생용품 구매에 예산이 소모되었습니다. 다행히도 미세먼지 뿐만 아니라 부유 바이러스를 제거하는 장치와 플랫폼을 융합하여 서비스 준비를 다시 시작하게 되었습니다. 단순히 환기 시스템만 고려했던 당시에 잠시 중단되었던 덕분에 시민들의 인식이 변하고 더 나은 제품으로 서비스를 제공할 수 있게 된 것은 운이라고 생각합니다.

서비스를 제공한 후 가장 보람을 느낄 때는 설치 이후의 인터뷰입니다. 긴가민가했던 관리자분들과 직접 건강과 안전에 영향을 끼칠 수 있었던 노동자분들이 "쾌적해요!, 냄새가 안나요!"라며 두 손을 꼭 잡고 고맙다고 표현하면서 안도감을 느낄 때, 감동하고 벅차오릅니다. 더 많은 분이 혜택을 받을 수 있도록 노력해야겠다고 다짐하고 있습니다.

㈜더조은에너지
조국성 대표

Cho, Guk Seong

> "친환경적인 솔루션을 개발하기 위해 노력하고 있습니다. 태양광 발전설비는 친환경적인 에너지 생산 방식으로, 탄소 배출을 최소화할 수 있습니다. 저희는 태양광 발전설비를 설치하는 과정에서 환경 오염을 최소화하고, 재활용이 가능한 소재를 사용하여 자원을 절약하는 등의 노력을 하고 있습니다."

태양광 모듈의 태풍재해 예방장치 개발,
경쟁력 강화와 지역사회 상생
㈜더조은에너지

국내 태양광 발전설비 시장의 선도 기업인 ㈜더조은에너지는 이상기후로 인해 자연재해에 취약한 상황에서도 태양광 모듈의 태풍재해 예방장치를 개발해 경쟁력을 향상하고 있습니다. 탄소 중립 시대에 사회적 책임을 다하며 태양광 발전설비 설치 과정에서 지역 주민들의 의견 수렴과 환경 보호, 자원 절약에 노력하며 지속 가능한 성장을 추구하고 있습니다. ㈜더조은에너지 조국성 대표는 신재생 에너지 보급을 위해 지속적인 노력을 기울이며, 회사의 성장과 이익을 직원과 함께 나누기 위해 매년 성과급을 지급하고, 환경 오염 최소화와 지역사회와의 협력을 통해 사회적 책임을 다하고 있습니다. 중소기업으로서 지역 경제에 기여하며 지역사회와 협력적인 관계를 유지하고, 직원들의 복지와 역량 강화에도 주력하고 있습니다.

㈜더조은에너지의 ESG경영철학을 알려주세요

저희는 탄소 중립 시대에 발맞추어, 친환경적인 에너지 생산과 보급에 이바지하는 기업으로 성장하고자 합니다. 이를 위해 다음과 같은 비전을 구상하고 있습니다.
국내 태양광 발전설비 시장에서 선도적인 기업으로 자리매김하는 것입니다. 이를 위해 기술 개발과 인재 유치, 고객 만족도 향상 등에 주력하고 있습니다. 해외 시장 진출을 통해 글로벌 기업으로 성장하는 것입니다. 해외 시장에서의 경험과 노하우를 바탕

으로, 전 세계적으로 친환경적인 에너지 생산과 보급에 이바지하고자 합니다.

사회적 책임을 다하는 기업으로 성장하는 것입니다. 저희는 태양광 발전설비를 설치하는 과정에서 지역 주민들의 의견을 적극적으로 수렴하고, 환경 보호와 자원 절약에 노력하고 있습니다. 위와 같은 ESG경영철학을 바탕으로, 더조은에너지는 지속 가능한 성장을 추구하고, 고객과 사회에 가치를 제공하는 기업으로 발전해 나갈 것입니다.

전 세계적으로 자연재해가 늘어나는 상황에서 태풍재해 예방장치가 어떻게 태양광 시설물의 안전성을 향상시키고 있나요

현재 대한민국뿐만 아니라 전 세계적으로 이상기후로 인한 폭우,

강풍, 태풍 등 태양광 시설물에 취약한 자연재해가 많이 발생하고 있습니다. 특히 태풍에 의한 태양광 모듈 파손이나 유실 문제가 자주 발생하고 있는데 당사는 이런 문제를 예방하고자 태풍재해 예방장치를 개발하였습니다.

기존 태양광 모듈 프레임은 강풍에 의해 모듈 프레임이 찢어져 모듈이 파손되거나 주변 시설물 및 인명피해를 초래하기도 했습니다. 이런 문제점을 해결하기 위해 구조물과 볼트 체결 시 C형강 타공을 기존 방식과 다르게 도입해 제작하고 있습니다.

탄소 중립에 대한 글로벌 관심이 높아지고 있습니다. 국내외 시장에서 경쟁력을 확보하고자 태양광 발전설비의 효율성 향상에 어떠한 노력을 기울이고 있나요

에너지 효율성을 향상하고 친환경적인 솔루션을 개발하는 것이 중요한 과제로 대두되고 있습니다. 저희는 이러한 도전과 기회에

적극적으로 대응하기 위해 다음과 같은 노력을 하고 있습니다. 태양광 발전설비의 효율성을 향상하기 위해 다양한 기술을 개발하고 있습니다. 예를 들어, 태양광 모듈의 성능을 개선하고, 태양광 발전 시스템의 최적화를 통해 발전량을 극대화하는 기술을 연구하고 있습니다.

친환경적인 솔루션을 개발하기 위해 노력하고 있습니다. 태양광 발전설비는 친환경적인 에너지 생산 방식으로, 탄소 배출을 최소화할 수 있습니다. 저희는 태양광 발전설비를 설치하는 과정에서 환경 오염을 최소화하고, 재활용이 가능한 소재를 사용하여 자원을 절약하는 등의 노력을 하고 있습니다. 다양한 도전과 기회에 대응하기 위해 적극적인 투자를 하고 있습니다. 기술 개발과 인재 유치, 해외 시장 진출 등을 통해 더조은에너지의 경쟁력을 강화하고, 지속 가능한 성장을 추구하고 있습니다.

신재생에너지 보급을 위해 어떠한 전략을 고려하고 있나요

최근 한전의 적자 문제와 계통연결 문제, 정부의 신재생에너지 사업 정책의 방향성 문제 등으로 인해 태양광 발전설비 보급과 부분에 많은 어려움이 있습니다. 이런 상황에서도 더조은에너지는 신재생에너지 보급화에 앞장서기 위해 끊임없이 노력해 왔습니다. 에너지관리공단 6년 참여기업으로 총 7MV 이상의 태양광 발전설비를 설치해 신재생에너지 보급화에 이바지했다고 자부합니다.

세계적인 기후 위기 속에 신재생에너지 보급을 위해 기업과 정부의 역할에 대해 한 말씀 주신시다면요

계속되는 이상기후로 인한 대체에너지 보급이 시급한 상황입니다. 신재생에너지 보급화가 의무화되고 있지만 현재 국내 태양광 발전사업은 발전사업 허가나 개발행위, 한전선로 계통연계 등 여러 문제 등이 맞물려 있어 쉽지 않은 상황입니다.
정부 차원의 지원 및 법령 개정 등 활발한 신재생에너지 보급화를 위한 새로운 대책이 마련되기를 기대합니다.

성장하는 중소기업이 지역사회와 어떻게 상호작용하여 협력적인 관계를 유지하고 지속 가능한 발전을 이룰 수 있을까요

지역에 기반을 둔 중소기업이 성장하게 되면 지역경제도 자연스레 살릴 수 있다고 생각합니다. 기업의 성장에 따른 인원 충원이 확대될 것이며, 그로 인해 청년실업률을 감소시킬 수 있으며 기업의 성장과 더불어 거래처 또한 상생할 수 있는 길이 열리리라 생각합니다.

(주)더조은에너지가 사회적 책임과 기업의 이익을 어떻게 균형 있게 고려하고 있는지에 대해 설명해 주십시오

회사의 성장은 함께하는 직원들이 있기에 가능하다고 생각합니다. 현재 우리 기업은 산업단지에 입주해 있습니다. 주변 인프라 시설과 동떨어져 있다 보니 인력을 구하는 게 쉽지 않습니다. 사업을 하면서 어려울 때 직원을 믿고 문제를 해결하기 위해 여러 방법을 강구해 해결해 왔습니다.

매년 매출 증가와 제품 개발을 위해 노력하는 직원들이 있고, 이런 노력 덕분에 더조은에너지가 성장할 수 있었습니다. 기업이 성장하면서 얻은 이익은 직원들과 공유해야 한다고 생각합니다. 그래서 매년 전 직원에게 성과급을 지급하고 있습니다. 저희는 직원들의 복지와 역량 강화에도 많은 관심을 기울이고 있습니다. 사회적 책임도 중요하게 생각합니다. 태양광 발전 설비를 설치하면서 발생하는 환경 오염을 최소화하고, 지역사회와의 협력을 통해 사회적 가치를 창출하기 위해 노력하고 있습니다.

최대호 안양시장

Choi, Dae ho

> " 불위호성(弗爲胡成), 행동하지 않으면 어떤 일도 이룰 수 없다는 말이 있습니다. 안양시는 최근 모든 회의를 종이 없는 전자회의로 하고 있습니다. 또 개인컵을 권장해 일회용품을 줄이는 등 작은 부분에서부터 탄소중립을 실천하고 있습니다. 앞으로도 ESG를 바탕으로 환경 정책을 추진하고 시민의 참여를 격려해 녹색도시 안양을 만들어 가겠습니다. "

ESG 행정으로 지속가능한 미래 모색
최대호 안양시장

안양시가 ESG(환경, 사회, 협치) 행정을 통해 기후위기 대응에서 높은 성과를 창출하고 있습니다. 경기도에서 받은 ESG 평가 A등급은 특히 환경 부문에서의 우수성을 반영한 것으로, 이는 시민 참여와 협치를 강조하는 행정 노력의 결과라는 평입니다.

안양시는 ESG 철학을 바탕으로 환경 정책을 추진하고 있습니다. 이를 통해 시민 참여와 협업을 중시하며 ESG 경영을 적극적으로 발전시키고 있습니다. 특히 환경 부문에서의 성과로 경기도에서 모범적인 역할을 수행하고 있습니다. 최대호 안양시장은 ESG 행정의 중요성을 강조하며, 기후위기의 심각성을 감안해 선도적인 환경정책을 추진하고 있습니다. 현재세대와 미래세대의 공존을 위해 필수적인 조치로서의 ESG 행정을 강조하고 있습니다.

안양시는 어떤 ESG 철학을 기반으로 환경 정책을 시행하고 있는지요

최근 세계경제도럼에서 발간한 보고서를 보면 전 세계를 위협할 장기적인 위험 요소로 '기후변화'를 꼽고 있습니다. 세계적으로, 급격하게 늘어나고 있는 폭염, 폭우 등의 기후변화는 이미 시민들의 일상을 위협하고 있습니다. ESG 경영은 기업의 재무적 성과뿐만 아니라 지속가능한 발전을 도모하는 방향으로 진화하고 있습니다.

안양시는 ESG 철학을 바탕으로 환경정책을 구성하고 있습니다. 이를 통해 시민 참여와 협업을 강조하고 있습니다. 기후위기 대응 계획은 물론 모든 시정에 ESG를 적극 고려해 실천할 계획입니다

안양시는 기후위기 대응에서 높은 성과를 거두었습니다. 기후위기 대응 정책을 설명해 주세요

안양시는 ESG 행정을 통해 기후위기 대응에 적극적으로 참여하고 있습니다. 이로써 안양시는 경기도에서 유일하게 ESG 평가 A등급을 받았으며, 특히 환경 부문에서 우수한 평가를 받았습니다. 이러한 성과는 시민 참여와 협치를 강조하는 ESG 행정에서 비롯되었습니다.

안양시는 스마트도시 등 다양한 영역에서 경쟁력 있는 도시입니다. 특히, 시민들의 높은 환경의식과 그에 맞는 특색있는 환경 정책 추진은 안양의 경쟁력을 더욱 높이고 있습니다. 예컨대 약 100개의 'AI 자원 회수기기'를 운영하여 시민들이 투명페트병과 캔을 회수하면 프린트로 현금처럼 사용할 수 있도록 하고 있습니다. 또한, 시민 기후 활동가 양성, 미세먼지 불법 배출 예방감시단 운영, 안양천 수질 모니터링 등의 다양한 정책을 시행하고 있

으며, 이 모든 정책은 시민들과의 협업을 중시하고 있습니다.

지속가능한 사회를 조성하기 위해 안양시가 ESG 행정을 추진하고 있습니다

현재세대와 미래세대가 공존하고, 지속가능한 사회를 조성하기 위해서는 ESG 행정이 필수적이라고 강조하고 있습니다. 특히 기후위기가 지구 안녕을 위협하는 심각한 요소 중 하나로 인식되고 있어, 안양시는 이를 고려한 환경정책을 선도적으로 추진하고 있습니다.
서울새활용플라자를 방문해 재활용품의 가치를 높여 새로운 상품으로 재탄생시키는 기술에 대한 정보도 얻었습니다. 안양시는 지역사회 기여와 환경 우수도시 구축을 위한 공감대 확산과 벤치마킹을 진행하고 있습니다.

안양시가 추진하는 '2050 탄소중립'에 대한 목표와 실천 방안은 어떻게 설계되어 있나요

안양시는 '2050 탄소중립'을 실현하기 위해 2030년까지 온실가스 배출량을 2018년 대비 40% 감축하는 목표를 수립하였습니다. 이를 위해 친환경 차량 보급 확대, 노후 건축물 에너지 효율화, 폐기물 감량 및 재활용 활성화, 미세먼지 저감 공익 숲 가꾸기, 기후에코센터 건립 등 다양한 사업을 추진하고 있습니다. '안양시 탄소중립·녹색성장 기본조례' 조례를 통해, 탄소중립을 체계적으로 실현해 가겠습니다.

(주)코아이
박경택 대표

Park, Kyung Taek

> "매일 새로운 도전에 나서며 협력하고, 세계에서 최고의 환경 로봇 기술 회사로 성장하고자 합니다. 이 과정에서 많은 것을 배우고 나누며 계속해서 발전해 나가는 즐거움을 느끼고 있습니다. 오랜 기간 동안 이 회사에서 자리를 지키고 있는 연구원들과 함께 소통하며 발전해 나갈 수 있도록 노력하겠습니다. ESG 경영과 사업에 관심을 가지고 계신 독자분들에게 감사드립니다. 우리나라 세대의 환경을 위해 계속해서 지켜봐 주시고, 조언과 격려를 부탁드립니다."

(주)코아이 박경택 대표가 콜라보뉴스·ESG콜라보클럽 주최 제3회 ESG캠페인 '글로벌 성장동력 2024 ESG리더십 콘퍼런스'에서 ESG리더 연사발표를 하고 있다

CES 2024에서 주목한
해양 오염물 회수 로봇 'KOBOT S',
세계 최초 로봇 방제 장비로 국제시장 공략
(주)코아이

(주)코아이는 해양 환경. 보호 및 회복을 위한 과학기술 장비를 개발하여 ESG 모범 경영을 실천하고 있습니다. 그 중에서도 해양 오염물 회수 로봇 'KOBOT S'는 세계 최초의 로봇 방제 장비로 기름과 미세플라스틱을 효과적으로 회수하며 지속 가능한 해양 환경을 위한 기술력을 보여주고 있습니다. 환경 문제에 도전하고, 혁신적인 기술을 통해 세계적으로 인정받고 있는 (주)코아이 박경택 대표는 ESG 모범 경영을 통해 세계의 해양 환경을 오염으로부터 회복할 것을 다짐합니다.

(주)코아이의 ESG 경영철학을 알려주세요

코아이는 해양 환경 보호 및 회복을 위한 과학기술 장비를 개발하기 위해 창업된 회사입니다. 처음부터 현재까지 전 세계 해양 오염 회수 장비 개발에 전념하여 전문성을 키워왔으며 ESG 모범 경영을 통해 전세계 해양 환경이 오염으로부터 회복될 때까지 최선을 다하는 기업이 되기 위해 노력하고 있습니다.

해양에 유출된 기름과 미세플라스틱을 회수하는 로봇 장비 'KOBOT S'의 기술력과 환경에 미칠 긍정적인 영향에 대해 설명해 주세요

KOBOT은 해양에 유출된 기름과 미세플라스틱을 먼 거리까지 운항하면서 동시에 회수 및 저장하는 해양 로봇입니다. 특히, 저수심 해역과 해안가 주민들이 해상 오염물로 인해 악취와 미관상의 불편을 호소하고 있어, 과학 원천 기술 기반 로봇 장비를 사용하여 이를 크게 개선할 수 있습니다.

해양 오염물을 회수, 이송, 저장하는 주요 기능을 하나의 장비

에 구현한 세계 최초의 로봇 방제 장비입니다. 국내외 시장 반응은요

지금까지 사용 중인 방제 장비는 대부분 위치를 이동할 수 없는 장비로, 동력 발생 장치, 회수된 기름 이송 펌프 장치, 저장소 등이 별도로 필요했습니다. 처음 보는 자체 동력 사용 로봇 장비로 많은 국가에서 현지에서 직접 시연을 요청하고 있으며, 2024년에는 해외에서 여러 국가를 돌며 실증이 진행될 것으로 예상됩니다.

로봇 장비 'KOBOT S'의 운영 시간과 한 번에 얼마나 많은 양의 기름과 미세플라스틱을 회수할 수 있나요

저점도유 시간당 26톤, 고점도유 시간당 21톤의 공인 시험기관 입회 시험 성적서를 보유하고 있으며, 미세플라스틱은 유출유와 동시에 회수가 가능합니다. 운영 시간은 유출 정도와 이동 거리에 따라 다를 수 있으며, 보통 2~4시간 정도로 예상됩니다.

'KOBOT S'가 바다의 파도와 조류, 바람 등을 극복하고 지속 가

능성을 고려한 설계에 어떤 노력을 기울이고 있나요

육상의 로봇 장비와는 많이 다르며, 파도, 조류, 바람, 해수 온도 등에 영향을 받는데, 지금까지 50회 이상의 실험실 해역에서 다양한 테스트를 통해 발생한 문제점을 극복하고 있습니다.

CES 혁신상 수상으로 인한 주목은 어떻게 현지 사회와 국제적으로 기업에 이로운 영향을 미치고 있나요

부산에서 유일하게 CES 혁신상을 수상하여 큰 주목을 받았습니

다. CES CTA 게리 샤피로 회장님이 오셔서 격려를 해주셨고, 혁신상 심사 관계자들도 관심을 가지며 좋은 기술로 평가했습니다. 세계적인 기업들과의 협업 의사를 밝히고, 국내 기관들도 적극적으로 도움을 주고 있다는 점이 좋은 반응을 얻고 있습니다.

공공 기관들과의 협력을 통해 어떻게 적극적인 장비 비축 계획을 수립할 수 있을지에 대한 계획이 있나요

조달청 혁신제품 인증을 통해 공공기관 공급이 가능해졌지만, 갑작스러운 해양 오염 사고를 고려하여 적극적인 공공 기관들의 장비 비축 계획이 수립되어야 합니다. 사고 발생 후에는 이미 늦기 때문입니다.

공동 연구 개발에서의 파트너십을 알려주세요

코아이는 연구개발특구 연구소기업으로 창업되어 한국과학기술연구원으로부터 원천 기술을 이전받아 서울대학교, 홍익대학교 등과 공동 연구 개발을 진행해왔습니다. 미국, 말레이시아, 쿠웨이트, 인도네시아 등 국제 협력 파트너를 확보하여 로봇 장비의 세계적인 시장에 주력하고 있습니다.

박경택 대표님이 사업을 시작하게 된 배경이 궁금합니다

30대 초반에 플라스틱 완구 생산 공장으로 첫 사업을 시작하면서 엔지니어 사업가의 길을 걷고 있습니다. 출생률 저하로 유아 완구 시장이 축소되면서 사업 업종 전환을 통해 해양 오염 방제 기구 개발 사업을 시작했습니다. 적성과 재능에 맞아 많은 분으로부터 좋은 평가와 결과를 얻고 있습니다.

새로운 도전을 통해 어떤 성장과 발전을 느끼고 계신가요

지금 내 앞의 일에 집중하여 최고의 결과를 만드는 것이 좌우명입니다. 사업 업종 전환을 할 때는 두려움과 어려움이 있었지만, 이전의 경험에서 뺄 것과 더할 것을 잘 생각하여 최상의 조합을 만들어내고, 새로운 도전을 즐기고 있습니다.

KOBOT S 로봇이 세계 시장에서 성공을 거두기 위해 어떤 도전 과제를 예상하고 대비하고 있나요

2024년을 KOBOT S 로봇의 세계화 원년으로 보고 있으며, 해외에서 계속해서 실증을 진행하면서 해외 바이어들의 신뢰를 확보하는 것이 중요하다고 여기고 있습니다. 이를 통해 빠른 시간 안에 500억 규모의 생산 시설을 갖추는 것을 목표로 하고 있습니다.

㈜파웰 코퍼레이션
강창수 대표

Kang, Chang Soo

" (주)파웰 코퍼레이션은 1999년부터 자동화를 포함한 다양한 사업 분야에서 24년간 활동해 왔습니다. 연 매출 1천억 원 이상, 입사하고 싶은 기업 100곳을 목표로 하고 있으며 판교에 새로운 사옥을 건축하고 구성원 100명 이상과 함께하고 싶습니다. 더 나아가 IPO까지 달성하기 위해 최선을 다할 것입니다. "

ESG 경영과 기술 혁신의 교차로,
실시간 플라즈마 측정 정전척 개발 성과
㈜파웰 코퍼레이션

(주)파웰 코퍼레이션은 반도체, 디스플레이, OLED, 자동화 분야를 중심으로 24년간 성장한 기업으로 전기적인 힘을 이용한 정전 흡착 'ESC-Chuck'과 공압의 힘을 이용한 진공척, 기술 개발에 매진하고 있습니다. 특히 반도체 분야에서 실시간 플라즈마 측정이 가능한 정전척(PDS ESC)을 개발해 세계 최초로 기술 혁신을 이루었으며, 국내 대기업과의 협업을 통해 성과를 창출하고 있습니다.

(주)파웰 코퍼레이션 강창수 대표는 독창적 기술 개발뿐 아니라 지속적인 사회 공헌 활동을 통해 ESG 경영 실천에도 노력하고 있습니다. 사람 중심의 기업이 되기 위해 노력하며 사회적 책임과 상호 협력의 중요성을 강조하고 있습니다.

(주)파웰 코퍼레이션이 실천하는 ESG 가치 실천에 대해 알려주세요

비즈니스는 '고객을 사랑하고 직원을 사랑하며 이웃을 사랑하는 것'이라는 마인드로 경영하고 있습니다. 상생과 협력의 가치를 실천하기 위해 혼자 계신 노인분들을 돕는 등의 크고 작은 나눔을 20년 이상 꾸준히 실천하고 있습니다.

(주)파웰 코퍼레이션의 주력 사업 분야와 주요 제품 및 서비스를 소개해 주세요

사업 분야는 반도체, 2차 전지, 파워 반도체 세 분야의 도메인을 갖고 있습니다. 반도체 프론트 공정에 들어가는 정전척을 사용하고 있습니다. 정전척은 반도체의 핵심 공정에 들어가는 아이템으로 삼성전자나 인텔 등의 기업에서도 반도체 생산 시 필수적인 아이템 입니다.

실시간 플라즈마 측정이 가능한 정전척을 개발하셨는데 최근 혁신적인 프로젝트나 성과에 대해 알려주세요

플라즈마 밀도 측정 기술을 세계 최초로 개발했습니다. 국책 과제를 통해 실제 제품을 만들어 내는 성과를 거두었고 국내 대기업 업체와 협업하며 진행하고 있습니다. 공식적으로 기업명까지는 공개하기 어렵지만 조만간 좋은 뉴스가 나오지 않을까 생각됩니다.

좋은 뉴스를 언급해 주셨는데 반도체 산업에 대한 자세한 분석과 예상 수익에 대하여 말씀해 주세요

2024년에는 과천지식산업센터로 본사가 이전합니다. 더 나은 인프라를 바탕으로 연구와 영업 등에서 한층 발전된 성과를 보일 것입니다. 파워반도체 사업부 또한 신설했으며, 투자를 아끼지 않고 있습니다. 올해에는 반도체 시장의 업황도 회복될 것이라고 예상되기에, 매출 실적 또한 크게 성장하는 것을 목표로 하고 있습니다.

목표 달성 꼭 이루셨으면 좋겠습니다. 대표님이 생각하시는 우리나라의 ESG 현황은 어떤가요

중소기업은 인적·물적 자원의 제약으로 인해 ESG 경영을 실현하기에는 적지 않은 어려움이 있습니다. 국가에서 대기업뿐만 아니라 중소기업들이 지속 가능한 ESG 경영을 실천할 수 있도록 라이센스 취득 지원, 연구개발 지원 등의 실효성 있는 다양한 정책을 지원한다면 대한민국의 크고 작은 기업에서 ESG 경영을 능동적이고 적극적으로 실천할 수 있을 것입니다.

기술적인 혁신에 대한 관점에서 회사가 어떻게 발전하고 있나요

오늘의 최신 기술도 내일이 되면 보편적인 기술이 될 수 있다고 생각합니다. 지금까지 개발된 기술을 응용하여 새로운 제품과 기술을 개발하는 데 집중하고 있습니다. (주)파웰 코퍼레이션은 창립 24주년을 맞아, 인공지능과 빅데이터에 활용되는 하드웨어를 개발하는 등 새로운 분야에서 발전을 이루기 위해 노력하고 있습니다.

(주)파웰 코퍼레이션만의 차별점이 있을까요

애프터 서비스 못지않게 비포 서비스를 중요하게 생각하고, 고객에게 충분한 만족감을 제공하기 위해 경영자와 임직원들이 진심을 다하고 있습니다. 기술적인 차별점을 말씀드리자면 인공지능 챔버를 만드는 데에는 센서가 필요한데, 제품이 이에 적합하여 많은 고객이 찾아주실 것이라고 기대하고 있습니다.

㈜파웰 코퍼레이션의 조직 내 소통과 협업문화가 궁금합니다

우리 회사는 2023년과 2024년에도 비전과 목표를 설정하고, 이를 달성하기 위한 프로그램을 수행하고 있습니다. 이런 과정에서 직원들 간의 소통과 협업이 자연스럽게 늘어나고, 조직의 성과에도 긍정적인 영향을 미치고 있습니다. 또 문화 캘린더를 만들어 분기마다 워크숍을 진행하고, 자기 계발을 위한 책을 선물하는 등 조직 구성원 간의 협업에 도움이 되는 방법을 고민하고 실천해 나가고 있습니다.

파운드리더블유(주)
장현준 대표

Jang, Hyun Jun

> " 위험물 관리 및 운송이 선진화되어 우리나라에 효과적으로 정착하는 미래를 꿈꾸고 있습니다. 그러한 미래를 우리 기업이 선도하기를 희망합니다. 기업이 효과적으로 시장에 정착하려면 제도적 장치가 필요합니다. 법을 효율적이고 유연하게 관리할 수 있는 시스템이 마련되었으면 합니다. 이를 통해 우리나라의 산업 경쟁력을 더욱 제고할 수 있을 것이라고 생각합니다. "

신뢰와 안전, 지역사회와 상생하며
특수 물류 창고 분야의 선두 주자로 우뚝!
파운드리더블유(주)

특수 물류 창고에 대한 수요가 증가하는 가운데 파운드리더블유(주)는 신뢰와 안전을 바탕으로 특수 물류 창고를 전문 기업으로의 독보적인 입지를 찾아가고 있습니다. 또한, 상생을 기반으로한 ESG 경영 철학을 추구하며, 사회 공헌 활동 등 지역사회 발전을 위한 사회적 책임을 다하고 있습니다. 파운드리더블유(주)의 장현준 대표는 국내 시장에서의 입지를 강화한 후 글로벌 시장으로의 진출과 함께, 위험물 관리 및 운송 분야에서의 선진화를 목표로 삼고 있습니다.

파운드리더블유(주)의 ESG 경영 철학은 무엇인가요

무엇보다도 상생입니다. 우선 사내 문화를 혁신하는 데 중점을 맞추었습니다. 직원들의 복지를 보장하기 의하여 최선을 다하고, 직원들의 의견을 빠르고 적극적으로 수용합니다. 외부적으로는, 더욱 전문성 있는 제품을 개발하고 공급함으로써 여러 유해물이 안전하게 관리될 수 있도록 하고 있습니다. 이를 위해 신뢰할 수 있는 행보를 보이고 있으며, 선진국에서는 어떤 기업 문화와 기술을 갖고 경쟁력을 마련하는지 꾸준히 모니터링합니다.

특수 물류 창고 분야에서 어떻게 돋보이고 있는지 알려주세요

우리 기업은 위험물, 유해 화학 물질, 고압가스 등을 보관하는 특수 물류 창고를 전문 산업 분야로 합니다. 일반물 보관 창고와는 달리, 특수 물류 창고를 취급하는 기업이 많지 않습니다. 따라서 우리나라의 산업 경쟁력이 부족한 상황이었고, 이를 보완하고자 파운드리더블유(주)를 설립하고 운영했습니다. 2019년에 관련 법령이 제정되면서, 이에 부합하는, 제대로된 특수 물류 창고고 자리매김하겠다는 의지가 있습니다.

경쟁우위와 발전계획에 대해 알고 싶습니다

우리 기업은 다른 기업에 비하여 비전이 뚜렷하고, 전망이 좋습니다. 물론, 현재 사업 초기이기 때문에 안정화가 필요한 면도 있지만, 특수 물류 창고에 대한 수요는 점차 늘고 있습니다. 또한, 우리는 타사에 비하여 훨씬 전문화된 기술을 보유하고 있으며, 선진국에는 이미 이러한 기술이 적용된 제품이 많습니다. 앞으로 우리나라가 선진국의 기술을 따라잡을 수 있도록 할 것입니다.

특수 물류 창고 분야에서 법적 지원이나 제도적인 요구사항이 있다면 어떤 것인지 궁금합니다

특수 물류 창고에 관한 법률 제정이 되어 있지만, 이것에 실질적인 효과가 있는지에 대해서는 의문입니다.
특수 물류 창고의 중요성에 대한 인식이 미비한 탓에, 투자를 조금 꺼리는 경향이 아직 팽배해 있습니다. 법 관련 업무 책임자들이 돌발상황에 적절하게 대처할 수 없는 형식적 실행 매뉴얼드 문제라고 생각합니다. 이 때문에 전문적이고 적극적인 관리가 되지 않고 있습니다. 합법적으로 우리가 몸담은 사업 분야를 키울 수 있는 법이 필요합니다.

사회적 책임 및 사회 공헌 활동은 어떻게 수행하고 있는지요

사회적 책임에 대해서는, 믿고 구매할 수 있는 제품을 생산하는 데 최선을 다하고 있습니다. 그리고 현재 지역 사회에 일부 수익을 환원하고 있습니다. 이후 사업이 안정되어 매출이 오른다면, 더욱 많은 금액을 지역 사회 운영에 보탤 것입니다.

콜라보뉴스가 주최하고 한국환경공단이 후원한 '글로벌 성장동력 2024 ESG리더십 콘퍼런스 · 시상식' 에서 파운드리더블유(주)가 한국환경공단 표창장을 수상했다. 장현준 대표를 대신해 이동일 부장이 대리수상 후 기념촬영 포즈를 취하고 있다.

글로벌 시장 진출 계획이나 사업 확장 계획을 알려주세요

지금은 사업의 안정을 최우선으로 꾀하고 있습니다. 물류 보관 창고는 다변화될 가능성이 많은 분야이기 때문에 더 다양한 종류의 창고를 개발하고 생산하기 위하여 정보를 탐색하고 있습니다. 이렇게 국내 시장에서 입지를 더욱 단단히 다진 후에 글로벌 시장으로의 진출 계획을 더욱 구체화할 예정입니다.

기업을 성공적으로 성장시킬 수 있었던 동력이 있다면요

일반 위험물 창고와는 차별화된 지점을 포착했던 것이 성공의 비결이라고 생각합니다. 성공의 가능성이 높은 아이디어를 찾고, 그것을 구체화하는 과정을 차근차근, 조급하지 않게 밟으려 했던 것 또한 성장을 지속할 수 있었던 배경입니다. 기업에 위기가 닥쳤을 때도, 이러한 마음이 다시 일어서는 데 도움을 주었습니다.

중요하게 여기시는 상생의 가치를 근간으로한 장기적인 비전이 있다면요

다니던 직장을 그만두고 기업을 처음 설립했을 때, 가장 중요하게 여긴 가치는 상생이었습니다. 지금도 상생의 가치를 최우선으로 여깁니다. 나는 고향이 진도입니다. 어릴 때부터, 어른이 되어 돈을 벌면 고향에 재단을 만들고 싶다고 생각했습니다. 구체적으로는, 학생들에게 학비를 지원하는 장학 재단, 노인분들에게 더 나은 삶을 제공하는 복지 재단을 만들 계획입니다.

기업을 운영하면서 겪은 어려움에서 얻은 교훈이 있다면요

기업을 설립한 초기에는 시장 경기를 잘 몰랐던 점이 어려움으로 다가왔습니다. 이로 인해 기업이 크게 휘청였던 적이 있었습니다. 그러나 이러한 어려움에도 불구하고 주변 사람들의 도움으로 다시 일어설 수 있었습니다. 또한, 사업 분야가 일관되었다는 사실도 경쟁력을 다시 회복하는 데 도움이 되었습니다.

㈜하이클린
이성진 대표

Lee, Sung Jin

> "친환경 제품을 생산하며 지속적으로 제품 성능을 개선하려는 노력을 통해 우리가 추구하는 가치에 부합하려 노력하고 있습니다. 먼저 고객을 위한 기업이 되는 것이 1순위입니다. 온라인, 오프라인을 가리지 않고 실질적인 도움을 제공하는 것이 우선이며, 현재 어려움에 처해 있는 협력사들의 고충을 알아가며 상생할 수 있는 길을 모색하는 것이 중요합니다."

㈜하이클린 이성진 대표가 콜라보뉴스·ESG콜라보클럽 주최 제1회 ESG캠페인 '글로벌 성장동력 2023 ESG리더십 콘퍼런스'에서 ESG리더 연사발표를 하고 있다

고객과의 파트너십,
환경 친화적인 제품으로 사회적 책임 이행
㈜하이클린

㈜하이클린은 ESG(환경, 사회, 지배구조) 경영을 통해 사회적 책임을 다하고, 초음파 세척기를 통한 친환경 제품으로 지속 가능성을 추구하는 기업입니다. 고객과의 진정성 있는 파트너십과 혁신적인 제품 개발을 통해 현재 어려움 속에서도 고객과 협력사들과 함께 성장하고자 노력하고 있습니다. 불경기에 어려움을 겪는 외식업 종사자들과 상생하며, 더 나은 사회가 도래하는 것을 앞당기는 것이 하이클린이 지향하는 지점입니다. 출시 초기에는 다소 생소했던 초음파 세척기를 외식업계 필수품의 반열로 올려놓고, 기존 관리 시스템보다 편리한 원격 관리 시스템을 개발하며 성장을 거듭하고 있습니다. ㈜하이클린 이성진 대표는 초음파 세척기를 통한 기존 세척기와의 협력 가능성과 미래 비전에 주목합니다. 고객과 함께 이루는 부분을 최대한 탐색하여 사회적 책임을 실천하고, 직원들 및 거래처들과 협업하여 함께 성장하며 사회적 책임을 이행하고자 오늘도 달려가고 있습니다.

하이클린의 ESG 경영 철학을 알려주세요

ESG는 오늘날 우리 사회에 꼭 필요한 가치입니다. 저희는 ESG의 중요성을 정확하게 인식하고 있으며, 이를 선도하는 기업이 되기 위해 노력합니다. 초음파세척기를 판매하는 것을 넘어, 우리는 고객들과 진정성 있는 파트너 관계를 형성합니다. 세척기를 판매, 유통, 관리하는 것뿐만 아니라, 함께 살아가는 방법을 모색합니다. 이러한 노력이 고객과 상생하는 계기가 되기를 바랍니다.

환경 친화적인 초음파 세척기 제품을 만들기로 결정한 이유가 있습니까

초음파 세척기는 일반 세척기와 달리 세제 사용량이 전혀 없습니다. 환경 문제를 개선하고자 한 고민이 초음파 세척기를 개발하는 계기가 되었습니다.

초음파 세척기는 기존 세척기와 협력이 쉽다는 장점이 있습니다. 경기는 어려워지고 있지만, 무인화 또는 시스템화가 활발히 이루어지고 있어 초음파 세척기의 필요성이 증가하고 있습니다. 최근에는 가정용 세척기 출시를 준비 중이며, 이는 인건비를 떠나 위생에 신경 쓰는 분들에게 주목받을 제품입니다.

초음파세척기 업소 제품과 가정용 제품의 기술력과 사용 방법에는 어떠한 차이나 있나

큰 차이는 없습니다. 두 제품 모두 세척 기능에서 탁월한 성능을 보여줍니다. 우리가 주력하는 것은 관리입니다. 최근에는 원격 관리 서비스를 개발하여 운영 중이며, 이를 통해 체계적이고 확실한 관리가 가능합니다.

회사의 창립 배경이 궁금합니다

저희는 원래 유통 회사였습니다. 유통업을 하면서 고객의 불편함을 느꼈던 문제의식을 개선하겠다는 의지가 사업을 시작하게 된 계기였습니다.. 4년 동안 유통업을 하며 주방에서 가장 필요한 제품인 세척기를 사업화했습니다. 초음파 세척기는 처음에는 생소한 제품이어서 어려움을 겪었지만, 설치와 무료 체험 서비스를 제공하면서 쌓은 노하우를 통해 극복
했습니다.

사업을 하면서 겪은 어려움과

극복한 경험을 공유해주세요

원격 관리가 처음에는 생소한 개념이었기 때문에, 이 개발이 실질적으로 효과가 있을지에 대한 고민이 많았습니다. 또한 각 매장별, 제품별 데이터 수집에는 상당한 시간이 걸려 어려움이 있었습니다.

초음파 세척기는 처음 도입될 당시에는 생소한 제품으로 인해 판매와 유통에서 어려움을 겪었습니다. 그러나 유통업을 시작했을 당시 소비자 입장에서 느꼈던 불편함을 계속 상기하며 보완하려 노력했습니다.

기업으로서의 사회적 책임을 어떻게 이행하고 있습니까

우리가 할 수 있는 일에 최선을 다하고, 고객과 함께 이루는 부

분을 최대한 탐색하여 사회적 책임을 이행하고 있습니다. 직원들과 거래처들과의 협업을 통해 함께 성장하는 것도 중요한 목표입니다.

성장에 필요한 핵심 목표나 계획은 어떻게 되나요

현재는 전 세계적으로 어려운 시기입니다. 그러나 함께 머리를 맞대고 고민하면 이 어려움을 극복할 수 있을 것입니다. 위기는 기회로 이어질 수 있음을 잊지 말고, 계속 노력하면 더 나은 결과를 얻을 수 있을 것입니다.
수익이 창출될 때 보람을 느낍니다. 또한 기존 고객들이 저품을 소개해 줄 때 뿌듯합니다.
저는 회사와 뗄 수 없는 사람입니다. 돈을 많이 벌기보다는 회사가 지향하는 가치에 도달하는 것이 제 꿈입니다. 앞으로 더욱 열심히 사업을 운영하여 그런 회사로 성장하고 싶습니다.

㈜하이클린

㈜싱크닥터
정창헌 회장

Jeong, Chung Heon

> " 우리 기업은 폼프레스를 제조, 판매함으로써 환경을 보호하고자 하는 움직임에 동참합니다. 여러분은 우리 제품을 이용함으로써 환경 운동에 동참할 수 있습니다. 환경 운동은 거창한 것이 아닙니다. 일상 속 작은 움직임도 환경 운동의 일종입니다. 폼프레스를 이용한 환경 운동이 아니더라도, 여러분께서 쉽게 할 수 있는 환경 운동에 관하여 고찰한 후, 적극적으로 실천하셨으면 좋겠습니다. "

폼프레스로 여는
새로운 환경 운동, ESG 실천
㈜싱크닥터

생활 속에서 발생하는 쓰레기는 그 자체로 환경에 해로울 뿐 아니라 그것의 운송에 있어서도 심각한 환경적 손실이 발생합니다. 특히 스티로폼은 지구 환경에 해로운 폴루스티렌 소재로 알려져 있으며 자연 분해에 수세기가 걸릴 수 있습니다. 폼프레스는 스티로폼을 효과적으로 압축하여 부피를 줄임으로써, 운송 비용과 운송 시 발생하는 탄소의 양을 효과적으로 저감하고 재활용 및 재생 소재 활용이 용이해집니다. 폼프레스를 개발해 제조 판매하고 있는 ㈜싱크닥터 정창헌 회장은 이러한 이점을 통해 환경 보호, 비용 절감, 자원 효율성 증대, 그리고 환경친화적인 사회의 형성과 자원의 효율적 활용촉진에 이바지합니다.

㈜싱크닥터의 ESG 가치철학은 무엇입니까

우리 기업의 제품은 탄소세를 줄이는 데 효과적입니다. 폐기물의 부피를 줄임으로써 줄어든 운송 비용에 탄소세도 포함됩니다. 탄소세는 이산화탄소를 배출하는 석유나 석탄 등의 각종 화석 연료 사용량에 따라 부과되는 세금입니다. 많은 운송 기업이 이 탄소세로 인하여 여러 어려움을 겪습니다. 운송하기 위해서는 탄소 배출이 필수적인데, 한번 적재할 수 있는 양은 정해져 있으니 많은 탄소가 배출되는 것입니다. 폼프레스는 이러한 고충을 덜어줄 수 있습니다. 또한, 누구든지 폐기물 처리에 대해 쉽게 접근할 수 있다는 점이 ESG 철학에 포함됩니다. 환경 운동은 너나 할 것 없이

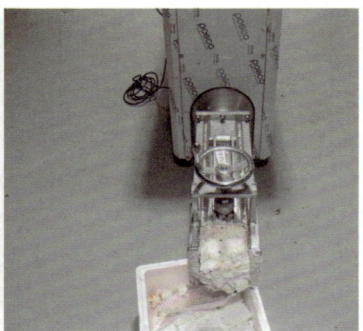

모두가 참여해야 하는 일입니다. 그러므로 폐기물 처리에 대한 접근성을 높이는 것은, 환경 운동의 보편성을 증진하는 일이 될 수 있습니다. 기업의 이익은 곧 국민의 이익이며, 국민의 이익은 곧 기업의 이익으로 순환합니다. 따라서 우리는 우리 기업의 이익만을 추구하기보다, 국민의 이익을 두루 고려하는 기업으로 성장하고, 그러한 철학을 실천하려 합니다.

폼프레스의 경장력과 기술 원리가 궁금합니다

스티로폼을 처리하는 방법에는 그것을 녹이는 것과, 분쇄하여 부피를 줄이는 것이 있습니다. 하지만 스티로폼을 녹이던 인체나 환경에 여러 좋지 않은 물질이 나옵니다. 따라서 우리는 분쇄하는 방법을 택했습니다. 우리 기업 특유의 공정 기술이 적용된 폼프레스는, 투입된 스티로폼의 부피를 원래 부피의 30분의 1로 줄인다. 폼프레스에 투입된 스티로폼은 파쇄, 공기 제거, 압축 과정을 거쳐 부피가 줄어든 상태로 토출됩니다. 적재 면적이 줄어드니 더 많은 양의 스티르폼을 화물차에 적재할 수 있고, 그럼으로써 운송 시 발상하는 여러 대기 오염 물질이 줄어듭니다. 운송 비용이 줄어듦은 물론입니다. 이렇듯, 우리 기업의 폼프레스는 여러 사회적·경제적 효과를 발휘하고 있습니다. 이것이 폼프레스만의 경쟁력입니다.

폼프레스의 기술이 환경에 대하여 갖는 중요성과 이점은 무엇인가요

폼프레스는 스티로폼을 매우 효율적으로 압축합니다. 이로써 부피를 줄이고, 운송 비용과 운송 시 발생하는 대기 오염 물질을 효과적으로 감소시킵니다. 최근 기후 변화의 주범으로 지목되는 것은 탄소인데, 폼프레스는 이 탄소 배출량을 줄이는 데 매우 직접적으로 기여합니다. 폼프레스를 도입한 후에는 도입하기 이전에 발생했던 탄소 배출량이 약 30분의 1 정도로 줄어듭니다. 관리 비용도 30분의 1 수준으로 낮추며, 폼프레스 도입 시 운송에 필요한 차량 또한 이전의 30분의 1 수준입니다. 폼프레스는 여러 경제적이고 물리적 자원을 절약하며, 지구 환경의 개선에 도움이 됩니다.

스티로폼 압착기의 산업적 응용 분야에는 어떤 것이 있을까요

일반적으로 스티로폼은 관계 당국에서 처리되는 것으로 알려져 있습니다. 일반 시민들은 스티로폼이 어디에서 와서 어디로 가는지 잘 알지 못합니다. 단순히 스티로폼을 구매하고 사용만 하면 저절로 사라진다고 여겨질 수 있습니다. 그러나 스티로폼은 공정 과정을 거쳐 순환되는 물질입니다. 폼프레스는 스티로폼의 공정 과정을 시각적으로 나타내어 시민들이 스티로폼의 처리 과정에 대한 이해를 증진시킵니다. 뿐만 아니라, 멀게만 느껴졌던 환경 운동을 일상 차원으로 끌어와 직접 실천하는 감각을 키울 수 있습니다. 폼프레스는 전 세계 여러 곳에 위치하여 일상에서 환경 운동적 효용성을 실제로 실천합니다.

폼프레스를 개발하게 된 계기는요

폼프레스는 높은 운송 비용에 대한 경각심에서 시작된 제품입니다. 스티로폼은 부피가 크기 때문에 질량은 낮지만 비용이 많이

드는 편입니다. 이러한 상황을 지켜보면서, 스티로폼의 부피를 효과적으로 줄일 수 있다면 운송 비용과 운송 시 발생하는 탄소 배출량을 저감할 수 있을 것이라는 생각을 했습니다. 또한, 스티로폼이 쌓인 산의 모습을 목격한 적이 있었습니다. 이 산은 여러 환경에 해로운 물질을 내뿜습니다. 이를 처리하기 위해서는 스티로폼을 효율적이고 컴팩트하게 처리할 수 있는 기술이 필요했습니다. 그리한 기술을 개발하여 적용한 제품이 폼프레스입니다.

ESG를 실천하고자 어떠한 노력을 해야 할까요

환경과 관련된 움직임은 단순히 관계 기관에 기대지 않아도 됩니다. 관계 기관과 협력하는 모든 이들에게 환경 운동의 중요성과 실천 방법에 대한 인식을 높이는 노력이 필요합니다. 물론, 관계 기관의 도움을 기대하지 않는 것은 아니지만, 그보다 더 중요한 것은 인식과 교육입니다. 환경 운동에 참여하고자 하는 의식을 높이는 것이 환경 운동의 시작이자 동력입니다. 따라서 관계 기관이 기업에 도움을 주는 것보다는 환경 운동의 주체가 될 수 있는 모든 이들에게 긍정적인 영향을 끼치기를 기대합니다. 또한, 관계 기관만의 노력이 아니라 우리 기업과 협력하는 기업들이 함께 노력하여 광범위한 환경 운동을 실현하는 것이 중요합니다.

㈜현우엔지니어링
김성철 대표

Kim, Seong Cheol

> " 우리나라 산업 현장, 그리고 국제적인 산업 현장에서 가장 중요한 의무는 친환경을 실현하는 것입니다. 이를 위해서는 태양광, 수력, 풍력 등의 친환경 에너지원을 통한 근본적인 변화가 필요합니다. 에너지에도 주목해야 합니다. 우리나라는 화력 발전소 비율이 다른 국가들보다 높아, 국제 기구에서 운영하는 환경 평가 기준에 부합하지 않는 경우가 많습니다. 이를 개선하고자 다른 기업들과 우리 기업이 힘쓴다면, ESG 경영을 구축하는 데 큰 도움이 될 것이라고 생각합니다. "

친환경 기술로
지속가능한 미래를 선도하다
㈜현우엔지니어링

탄소 중립은 미래 지구 사회의 가장 큰 과제로 여겨지고 있습니다. 세계 각국에서는 탄소 중립을 실현하기 위한 다양한 정책을 추진하고 있으며, 이에 따라 탄소 중립에 대한 다양한 의견과 논의가 확산되고 있습니다. ㈜현우엔지니어링 김성철 대표는 ESG(환경, 사회, 지배구조) 가치 철학을 통해 지속 가능한 경영을 실천하고 있습니다. 기술력을 바탕으로 탄소 배출량을 효과적으로 감소시킬 수 있는 탄소절감기를 생산하며 제품 판매 수익의 10%를 사회에 환원하며 사회공헌에 앞장서고 있습니다. 또한, ESG를 실천하는 다양한 방법을 모색하고자 노력하고 있습니다.

㈜현우엔지니어링의 ESG 가치 철학이 궁금합니다

우리는 제품을 판매하여 창출한 수익의 10%를 사회에 환원합니다. 이는 앞서 언급한 사회적 공헌의 일환입니다. 또한, 우리가 주력하고 있는 제품은 효과적인 탄소 절감 능력을 지닌 기기입니다.

우리 기업이 중요하게 여기는 것은 무엇보다 사회적 공헌입니다. 기업은 사회를 기반으로 수익을 창출하므로, 사회에 수익을 환원하려는 것은 당연한 일입니다. 특히, 우리는 사회적 환경을 개선하는 데 힘을 쓰고 있습니다. 인류의 터전인 환경이 훼손되는 것을 막는 데 손길을 보태고자 합니다. 이와 더불어, 기업으로서 수익과 가치를 창출하는 데에도 소홀히 하지 않습니다.

이와 같이 우리는 다방면에서 ESG 가치 철학을 실천하고 있으며, 앞으로도 이러한 실천을 꾸준히 이어나갈 생각입니다. ESG 철학을 실천할 수 있는 다른 방법을 마련하기 위해서도 노력을 아끼지 않을 것입니다.

탄소절감기의 기술적 측면은 무엇인가요

가장 주력하고 있는 기술은 에너지 절감을 효과적으로 실현할 수 있는 기술입니다. 이를 위해서는 에너지 효율에 관한 고찰이 필요했습니다. 고민 끝에, 우리는 에너지 효율에 관한 가장 합리적이고 효과적인 아이템을 개발할 수 있었습니다.

㈜현우엔지니어링의 컨설팅 사례를 소개해 주세요

1차 산업에서도 탄소가 다량 발생합니다. 우리는 여기에 개입하여 15%의 탄소 절감 효과를 얻었습니다. 상업 분야에서도 10%의 탄소 절감 효과를 낼 수 있습니다. 이는 여러 검증을 통해 입증된 결과입니다. 최근에는 20여 군데의 식자재 마트에 우리 기기를 설치했는데, 여기서는 약 14-15%의 저감 효과를 내었습니다. 처음에는 식자재 마트의 일부에만 기기를 설치했지만, 이후에는 전체적으로 기기를 설치하는 것으로 계약서를 작성했습니다.

ESG 경영에 영향을 미치는 것은 무엇인가요

나와 우리 기업의 구성원들은 우리가 하는 일에 대한 자부심이 있습니다. 이는 우리가 아니면 이런 일을 할 수 없고, 우리가 하는 일이 사회적 공헌에 적극 기여한다는 믿음에서 비롯된 것입니다. 그리고 수익을 창출하는 데도 신경을 쓰지만, 창출한 수익을 사회에 공헌하고 있다는 데서 나오는 뿌듯함 또한 경영에 영향을 미치고 있습니다. ㈜현우엔지니어링의 원동력은, 탄소 절감에 대한 철학이라고 볼 수 있겠습니다.

㈜현우엔지니어링이 일군 성과에 대한 경험을 공유해 주세요

우리는 최근 창원 스마트 시티 조성 사업에 참여했습니다. 이는 개

발과 환경 보호는 함께 이룩되어야 한다는 철학이 우리 기업의 철학과 맞닿은 결과입니다. 그곳에 우리 기업에서 생산한 제품을 납품하였습니다. 이는 기존에 사용하던 기기에 비하여 15% 이상의 탄소 절감 효과를 낳은 바 있습니다. 그리고 우리는 혁신적인 제품을 지속적으로 개발합니다. 이는 제도적 승인을 받은, 신뢰할 수 있는 것들입니다.

기업의 사회적 책임은 어떻게 다루고 있는지 여쭙고 싶습니다

사회적 환경, 지구 환경에 대한 공헌을 통해 사회적 책임을 다하고 있습니다. 쉽게 말하면, 친환경적인 활동을 펼치도 있습니다. 우리가 생산하는 제품은 친환경적인 철학을 실현하는 데 지대한 기여를 할 수 있습니다.

친환경사업을 한다는 것이 어떤 의미가 있나요

친환경적인 사업을 하고 싶다는 생각을 항상 가슴 속에 품고 있었습니다. 이를 기반으로 창업을 계획하고 있었는데, 우연히 기회가 찾아와 기업을 세울 수 있었습니다. 그리고 사회적 공헌이나 친환경을 중심 철학으로 내세우는 기업이 절대적으로 부족하다는 사실을 깨닫고 나서는 창업을 망설이지 않았습니다. 산업 사회는 기본적으로 환경에 대한 착취를 기반으로 하고 있습니다. 우리가 산업 사회를 유지하기 위해서는 기존의 산업 기술을 친환경적으로 대체할 수 있는 기술이 필요합니다. 여기서 기업의 비전을 발견했습니다. 이후 꾸준히 제품을 개발하여 혁신 제품의 효과를 최

 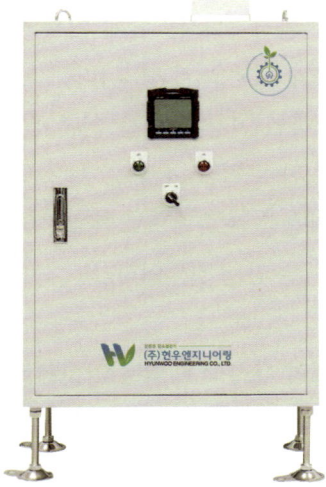

대한 끌어올릴 수 있었고, 여기서 기업의 가능성을 인정받았습니다. 이후 사업이 팽창함에 따라 사업을 시작하길 잘한 것 같다는 생각이 들었습니다.

㈜현우엔지니어링의 성장 목표를 말씀해 주시겠어요

우리는 항상 친환경 기업으로서의 책임을 다할 것입니다. 친환경적인 산업을 확고하게 확립하고자 하는 친환경 기업으로서, 사회적 공헌이나 지구 환경에 도움이 될 수 있도록 하는 방안을 마련하는 데 노력을 아끼지 않을 것입니다. 미래에는 현재보다 더 직접적으로 사회에 기여할 수 있는 방법을 찾을 계획입니다. 이를 통해 더 빠르고 큰 성장을 이루는 것이 목표입니다.

제로어이블
박상환 대표

Park, Sang Hwan

> " 제로에이블은 플라스틱 소비를 줄이고 자원의 순환을 촉진하기 위해 다양한 서비스를 제공하고 있습니다. 현재 '제로웨이스트샵', '리필스테이션', '카페'를 운영하며 제로웨이스트에 첫걸음을 내딛는 고객들이 쉽게 접근할 수 있도록 노력하고 있습니다. 앞으로 친환경 산업의 성장을 위해 기업 및 기관과의 협력을 강화하고, 지속적인 연구와 개발을 통해 더 나은 서비스를 제공하고자 합니다. 더 나아가, 제로웨이스트 문화를 확산시켜 지구 환경 보호에 기여하는 것이 목표입니다. "

지속 가능한 라이프를 위한
친환경 소비 문화를 열다
제로에이블

제로에이블은 플라스틱 소비를 줄이고 자원의 순환을 촉진하는 목적으로 다양한 서비스를 제공합니다. 비누, 치약, 설거지바 등 제로 웨이스트에 첫걸음을 내딛는 고객들이 쉽게 접근할 수 있는 친환경 제품을 추구하며 플라스틱의 재사용과 폐플라스틱 최소화를 실천하고 있습니다. 제로에이블 박상환 대표는 환경 보호에 기여하기 위해 다양한 프로그램을 진행하며 상생을 통한 ESG 가치 공유와 활성화에 주력하고 있습니다.

제로에이블의 ESG 가치철학을 알려주세요

제로에이블은 플라스틱 소비를 줄이고 자원의 순환을 촉진하는 목적으로 다양한 서비스를 제공하는 기업입니다. '제로 웨이스트 샵', '리필 스테이션', '카페'를 운영하며, 이를 통해 플라스틱의 재사용과 폐플라스틱 최소화를 실천하고 있습니다. 음료와 다과도 함께 판매하며 지속 가능한 라이프를 위한 복합공간으로의 역할도 톡톡히 하고 있습니다.

'제로웨이스트샵'에서는 플라스틱 및 불필요한 포장을 최소화한 제품을 판매하고 있습니다. '리필 스테이션'은 주방용품, 세탁세제, 잡곡류, 견과류, 가루 소다류 등을 리필할 수 있는 장소로, 이를 통해 플라스틱과 기타 자원의 사용량을 최소화하고 환경에 친화적인 소비를 장려하고 있습니다. 우유팩, 멸균팩, 병뚜껑 등을 기부받아 자원순환에도 이용하고 있습니다. 이를 통해 폐기된

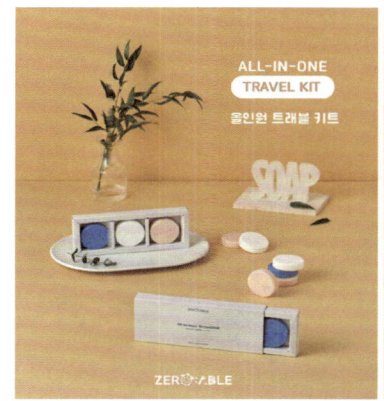 

자원을 새로운 자원으로 변화시키고 있습니다.

'쉽게 사용 가능하다'는 측면에서 친환경제품을 만들었다고 들었습니다

제로웨이스트에 대한 첫걸음에 체험하듯이 쉽게 접근할 수 있도록 만들어 보았습니다. 흔히들 제로웨이스트는 어렵다, 접근하기 어렵다는 의견들이 많아서 접근하려는 분들도 쉽게 포기하는 경향이 있습니다. 그래서 처음 제로웨이스트하시는 분들이 쉽게 접근할 수 있게 비누, 치약, 설거지바로 만들었습니다. 친환경 제품들이 다른 제품들보다는 쉽게 접근해서 쓸 수 있다는 게 제일 큰 장점입니다.

친환경 제품에 대한 고객의 반응이 궁금합니다. 처음에는 낯설어하시는 분들이 많다고 하셨는데, 어떻게 그 변화를 끌어내셨

고, 특히 인기 있는 제품은 어떤 것이 있나요

처음 접하시는 분들은 낯설어하시는 경우가 많습니다. 친환경이라고 하면 세정력도 적고 거품도 안 나는 것들이라서 쓰고 싶지 않다는 분들이 대다수입니다. 하지만 한 번 써보신 분들은 기성 화학적인 성분이 들어있는 것과 별반 차이를 못 느끼고 오히려 잘 맞아서 주기적으로 구매를 오시는 분들이 늘었습니다. 특히 페퍼민트향 샴푸바는 두피에 시원한 느낌이 너무 좋다고 합니다.

친환경 제품 산업의 미래에 대해 어떻게 전망하는지요

전망은 밝다고 생각합니다. 미래적으로 빠른 시일 안에 이루어져야 하는 산업이며 대기업, 중소기업까지 다같이 해야 하는 필수산업이라고 생각합니다. 각국의 정부에서 탄소배출 규제로 신재생에너지, 친환경 관련 신사업들이 빠르게 주목받고 있습니다. 정부에서 그에 맞는 규제와 보조금 프로젝트를 통해 관련 인프라를 마련하려고 느력 중입니다. 환경오염에 대한 인식이 높아지는 것과 같이 시장의 규모도 점점 커지고 있습니다. 앞으로 친환경일회용품, 재활용, 생분해성 소재로 만들어지는 것들이 많아질 것입니다.

환경 보호에 어떻게 기여하고 있는지 알려주세요. 특히 '찾아가는 제로존'과 같은 프로그램을 통해 어떤 변화를 이루고 있나요

환경 교육 프로그램, SNS 소통, 지역 청소년 프로그램과의 협약 등을 통해 다양한 방면으로 환경 보호에 기여하고 있습니다. 또한 '찾아가는 제로존과 같은 프로그램을 통해 청소년들과 지역 주민들에게 환경 보호 인식 변화를 도도하고 있습니다.

세계 환경의 날을 기념해 콜라보뉴스·ESG콜라보클럽 주최로 열린 ESG캠페인 'COL_ABO CLOVER' 행사 부스에 참여한 제로에기뷸

㈜비바
김규태 대표

Kim, Kyu tae

> " 음식물 쓰레기로 인한 탄소 배출 문제가 심각해지는 가운데, 친환경적이고 효율적인 음식물 처리기를 개발했습니다. ESG 경영 철학을 바탕으로 지속 가능한 미래를 준비하며, 고객과의 소통과 협력을 강화하여 사회에 이바지하는 기업으로 거듭나고자 합니다. 기업가로서, 직원과 개인이 안정될 수 있도록 사회적 봉사를 하며, 기업의 성장과 내실을 다지는 것이 제 목표입니다. "

친환경 기술의 선봉,
음식물 쓰레기 처리기로 ESG 길을 열다
㈜비바

음식물 쓰레기로 인한 탄소 배출은 기후 변화의 주요 원인 중 하나로 부상하고 있습니다. 이러한 문제에 대한 해결책으로 ㈜비바가 개발한 혁신적인 음식물 쓰레기 처리기는 친환경적이고 효율적인 솔루션을 제공합니다. ㈜비바는 미래의 도전에 대비해 ESG(환경, 사회, 기업 지배구조)의 작은 실천부터 시작하여 차근차근 탄소 중립을 향한 노력과 효과적인 탄소 절감을 실현하고 있습니다. 'ESG는 우리의 기본, 지속가능성은 우리의 비전'이라는 가치를 바탕으로, 모든 직원을 대상으로 한 ESG 교육을 실시하고 협력사와의 파트너십을 강화하고 있습니다. 뿐만 아니라, 혁신적인 음식물 쓰레기 처리기로 시장을 주도하며 ESG 리더십을 구축하는 데 모든 직원이 힘을 모으고 있습니다. ㈜비바 김규태 대표는 미래를 향한 비전을 품고 있습니다. 더욱 성장하며 동시에 ESG 실천을 통해 사회에 기여하는 기업으로 거듭나기를 꿈꾸며, 작은 실천부터 시작하여 차근차근 탄소 중립을 향한 노력을 이어가고 있습니다.

㈜비바의 ESG 경영 철학은 무엇입니까

전 세계 기업에 가장 긴요하게 요구되는 바가 ESG가 아닐까 싶습니다. 저희도 여기에 동의하며, 가장 기본적인 것부터 실천하려고 노력하고 있습니다. 기본이 없으면, 그 이상의 실천이 불가능하기 때문입니다. 작은 것부터 시작하여, 더 큰 목표로 나아가는 것, 그것이 우리의 ESG 경영 철학입니다.

음식물 쓰레기 처리기 업계에서 ㈜비바가 우위를 점하고 있는 부분은 무엇입니까

다른 회사 상황에 관하여 잘 아는 것은 아니지만, 저희 제품이 분명히 우위를 점하는 부분이 있습니다. 일단, 제품에 적용되는 기술이 매우 뛰어나고, 설치도 간편한 편입니다. 저희 제품을 이용하는 누구나 힘을 들이지 않고 음식물 쓰레기를 효과적으로 처리할 수 있습니다.

기업을 이끄는 ESG 리더십을 어떻게 실천하고 계십니까

저는 저 혼자 회사를 경영한다고 생각하지 않습니다. 회사는 전 직원들이 함께 만들어 나가는 것이죠. 이러한 이유로, 전 직원들

이 함께 ESG에 동참할 수 있도록 하는 데 총력을 기울입니다. 반복된 ESG 교육을 통하여, 가까운 것부터 하나하나 실천할 수 있도록 하는 것은 그것에 대한 예시입니다. ESG를 해야 한다는 조건으로 사업을 시작하기도 했고, ESG는 전 세계의 화두니까요.

제품 개발과 운영에 있어 환경적 요소가 어떠한 영향을 미쳤나요

ESG 경영 철학에 부합하는 신상품을 개발하고 있습니다. 우리 환경에 맞춘 신상품을 개발하고 있고, 얼마 전에는 최종적인 절차를 통과한 제품을 생산하기 시작했습니다. 그리고 앞서 말씀드린 ESG에 대한 반복적인 교육, 회원사 간의 교류를 통한 경영 철학과 성과 공유를 언급할 수 있습니다.

음식물 처리기 비바 더 에코에 대한 고객 반응은 어떻습니까

반응이 매우 좋습니다. 소비자들이 기업보다도 더 잘 알고 있는 부분이 있지요. ESG 철학에 동의하는 분들의 반응이 특히 좋습니다. 이는 우리 기업뿐 아니라, 저희와 비슷한 철학을 가진 기업들도 누가 먼저라고 할 것 없이 나서야 하는 부분입니다. 전 제조 업체가 이런 노력을 하면 좋겠습니다.

개인이나 회사 차원의 지속 가능성에 대한 고려 사항은 무엇입니까

지속 가능성에 대해서는 꾸준히 관심을 기울이고 있습니다. 먼저, 회사가 지속 가능성을 추구하기 위해서는 고객과의 강화된 관계가 필수입니다. 저희는 고객에게 가능한 모든 것을 실천으로 이어가려고 노력하고 있습니다. 또한, 관련 기관과의 협업을 통해 최고의 서비스를 제공할 수 있도록 노력하고 있습니다. 이러한 노력을 통해 지속해서 최고의 서비스를 제공하기 위한 새로운 방안을 추가하고 있습니다.

고객과의 소통 및 협력 강화를 위한 전략으로는 무엇을 실천하고 있나요

비록 소규모이지만, 우리는 주기적으로 봉사 활동을 실시하고 있습니다. 또한, 다양한 ESG 관련 행사를 개최하여 기업을 홍보하고 있습니다. ESG 철학의 홍보 뿐만 아니라, 최근에는 봉사 단체를 설립하여 도움이 필요한 분들과 기관에 소정의 기부를 하는 활동을 진행하고 있습니다.

ESG를 고려하는 과정에서 도전과제는 무엇일까요

우리는 전 세계적인 트렌드를 주시하고 따라가려고 노력합니다. 트렌드 중에서도 특히 ESG와 탄소 중립에 중점을 두고 있습니다. 환경 파괴 문제가 심각한 상황임은 많은 매스컴을 통해 알 수 있습니다. 우리는 혁신과 개발을 추진할 때 반드시 ESG를 고려하고, 이를 통해 전 세계적으로 환경 문제에 직면한 사람들에게 도움이 될 수 있기를 바랍니다.

A/S 관리는 어떻게 이루어지고 있나요

A/S 관리는 전국적으로 A/S 망을 통해 이루어지고 있습니다. 우리는 모든 직원, 협력사, 관련 업체에 회사의 정책을 설명하고, 고객에게 다가갈 때 우리의 철학이 제대로

전달될 수 있도록 노력하고 있습니다.

팀이나 직원에게 주는 조언과 격려가 있습니까

현재는 회사가 작아 어려움이 있을 수 있지만, 우리는 언젠가는 기업 성장을 이룰 수 있다고 직원들을 격려합니다. 또한, 회사를 통해 각 개인이 성장할 기회를 얻을 수 있을 것이라는 희망을 전합니다.

사업의 발전 방안은 어떠합니까

우리의 실천 전략은 가까운 것부터 시작하는 것입니다. 기본 철학은 ESG에 중점을 두고, 신규 사업 추진이나 마케팅을 통해 2024년에는 더 적극적으로 사업을 개척하려고 노력하고 있습니다.
2024년에는 더욱 성장하고, 발전하는 기업이 되겠습니다. 앞으로도 ESG를 실천할 것이며 여러분들도 동참해 주시기를 바랍니다.

㈜프로맘
하성택 총괄이사

Ha, Seong Taek

> " 가족들이 화목하게 지낼 수 있는 제품을 만들고 싶습니다. 현재의 사회에서는 많은 가정이 맞벌이를 하고 있어 밖에서 일을 하는 시간이 많습니다. 그런데 이때 가장 문제가 되는 것은 식사 후의 설거지입니다. 우리는 우리의 제품을 통해 고객 여러분께 여가와 휴식을 선사하고 싶습니다. 이를 통해 집에서의 휴식이 더욱 편안하고 즐거워지기를 기대합니다. "

주방 공간을 노래하다,
친환경과 혁신의 만남
㈜프로맘

ESG 가치 철학에 따라 환경친화적인 제품 개발에 주력하는 가정용 초음파 식기 세척기 전문업체 (주)프로맘은, 소비자에게 편리함을 제공하는 동시에 지속 가능성을 고려한 행보를 이어가고 있습니다. 가정용 식기 세척기 시장에서 차별화를 이루어 내며 중소형 아파트의 주방 문제를 해결하는 새로운 시각을 제시합니다. 타 기업과의 협업과 지속 가능한 기술 개발에 주력하며 환경 문제에 대한 높은 사회적 책임감을 보여주고 있습니다. (주)프로맘의 하성택 총괄이사는 소비자의 피드백을 수시로 반영하여 제품의 품질과 사용 편의성을 향상하고, 기업의 서비스와 제품이 소비자에게 진정성 있게 다가갈 수 있도록 하는 데 총력을 기울이고 있습니다.

㈜프로맘의 ESG 가치 철학을 알려주세요

현재 생산 중인 제품은 환경을 우선시하는 가치에 부합합니다. 제품은 친환경적이며, 탄소 중립을 실천하고 있습니다. 탄소 중립은 전 세계적으로 중요한 주제 중 하나입니다. 따라서 앞으로도 계속해서 연구 및 개발을 통해 탄소 중립에 효과적으로 기여하는 제품을 개발하는 것이 최종 목표입니다.

지속 가능성과 사회적 책임에 관하여 어떤 태도를 취하는지요

생활 트렌드는 계속해서 변화하고 있습니다. 따라서 이와 관련된 사업을 하는 기업은 끊임없이 새로운 제품을 만들어야 합니다. 우리는 주거 환경 트렌드에 맞추어 새로운 제품을 개발하고 있으며, 이는 현대 사회의 지속 가능성을 고려하고 있습니다. 사회 공헌 측면에서는 우리의 기술이 필요한 단체나 기관과 협력하며 기술을 공유하고 제품을 전달하고 있습니다.

㈜프로맘은 어떤 비전과 목표를 가지고 있나요

우리 기업은 가정용 초음파 식기세척기를 주로 생산하고 있습니다. 이와 더불어, 환경 문제에도 주목하고 있습니다. 구체적으로는 탄소 절감을 실천하기 위해 노력 중입니다. 우리가 제조하는 식기세척기에는 세제가 필요하지 않습니다. 이를 통해 수질 오염을 방지할 수 있습니다. 오늘날 높아진 환경 문제에 대응하여 이러한 방식으로 기여하고 있습니다.

시장에서의 경쟁 환경과 동향에 대한 견해는 어떠한가요

가정용 식기세척기의 장단점을 꾸준히 모니터링하고 있습니다. 최근에는 중소형 아파트의 주방

공간이 제한적인 경우가 많아졌습니다. 우리는 중소형 아파트에서도 주방 공간을 효과적으로 활용할 수 있도록 하는 차별화 전략을 취하고 있습니다. 최근 출시한 제품은 주방 공간을 최대한 확장시켜주는 싱크볼을 포함하고 있습니다.

타 기업과 비교했을 때, 혁신적인 부분 및 기술은 무엇인가요

현재 경영 가치에 공감하는 기업들과 협업하고 있습니다. 환경을 고려한 제품 개발을 위해 다양한 기업들과 협업하며, 높은 효과를 지닌 제품을 개발하는 프로젝트를 진행 중입니다. 이러한 협업 정신과 환경에 대한 헌신은 다른 기업들과 비교했을 때 특별히 두드러지는 부분입니다.

고객 경험에 관해서는 어떤 노력을 기울이고 있나요

제품에 대한 피드백을 지속적으로 받고 있습니다. 직원들은 현장에 나가 제품 사용 중 발생하는 불편한 점과 장점을 확인하고 있습니다. 제품이 고객 경험에 기여하는지를 항상 주시하고 파악하는 것이 중요합니다. 총괄이사로서, 직원들이 현장에 나가 제품을 시공하는 과정에 항상 참여하고 있습니다.

글로벌 시장 진출 계획을 알려주세요

현재는 친환경적이면서 주거 공간 문제를 해결하는 제품을 개발하기 위해 노력하고 있습니다. 이러한 문제는 국내뿐만 아니라 전 세계적인 문제입니다. 따라서 남아메리카 대륙으로의 진출을 계획 중이며, 이를 위해 생산 라인을 구축하고 철저한 계획을 수립 중입니다. 첫 번째 진출 국가로 니카라과가 선택되었습니다.

우리나라 가전 제품 시장에서 중소기업이 담당하는 역할에 대해 어떻게 생각하시는지 의견을 듣고 싶습니다

우리나라의 가전 제품은 주로 대기업 3사가 출시하는 모델에 많이 의존하고 있습니다. 그러나 이러한 대기업에서 생산된 제품 중 품질이 좋지 않고 가격이 높은 제품이 많습니다. 중소기업의 제품은 품질이 우수하고 가격이 저렴하여 구매하기 편리합니다.
중소기업들이 주도하여 가전 제품의 발전에 기여하길 바라고 있습니다.

(주)카르
배민경 대표

Bae, Min Kyung

> " 생분해 가능한 원단, 업사이클, 리사이클 가능한 제품을 개발해 사회에 공헌하고자 합니다. 이러한 제품은 사용할수록 환경과 경제에도 도움이 됩니다. (주)카르는 기업과의 협업을 통해 수익모델을 창출하고자 합니다. 제품을 더욱 널리 알리고, 세제, 이유식, 의료기기 등 아이들과 가족들에게 세상에서 가장 안전한 제품을 준비하고 있습니다. 이를 통해 고객들에게 더욱 신뢰받는 기업으로 성장하고자 합니다. "

국내외 IP를 활용하여
친환경 물티슈와 천연원료 개발에 주력
(주)카르

(주)카르는 국내외 IP를 활용한 천연원료방부제를 사용한 제품 개발을 주요 사업으로 친환경 물티슈와 천연원료를 이용한 물티슈를 연구하는 기업입니다. 면역력이 어른보다 약한 아이들도 안심하고 쓸 수 있으며, 천연원료 증류수를 이용한 식약처가 인정한 안정된 전 성분으로 생산합니다. ㈜카르 배민경 대표는 친환경적인 ESG 경영 철학을 바탕으로, 사업을 더욱 확장하여 여러 생필품을 생산할 계획입니다. 제품 제조 시 친환경적인 요소를 고려해 화학물을 사용하지 않고 사용 후에 소각이 필요하지 않는 제품을 개발하는 데 주력합니다. 이로써 다른 일반 제품과의 차별화를 실현하고 친환경 제품의 경쟁력을 강화하고자 합니다.

(주)카르의 ESG 경영 철학을 알려주세요

ESG 경영 철학은 환경과 공존하는 발전과 생산입니다. 고객들은 대부분 친환경적인 제품을 선호하고, 저희도 거기에 부합할 수 있도록 천연 성분의, 생분해가 가능하거나 재사용이 가능한 제품을 생산하기 위하여 노력합니다. 사업 초기 재사용 마스크를 판매했던 것은 그러한 노력의 일환이었습니다.

콜라보뉴스·ESG콜라보클럽이 주최·주관하고 한국환경공단이 후원한 제2회 ESG 캠페인 'COLLABO CLOVER' 행사에서 (주)카르 배민경 대표가 한국환경공단 표창장을 받고 기념촬영을 하고 있다.

(주)카르의 제품에는 어떤 성분이 사용되고 있으며, 이 성분이 아이들과 환경에 어떻게 도움이 되는지 설명해 주세요

국내외 IP를 이용해 천연원료를 사용한 제품 개발을 아이템으로 삼고 있습니다. 저희 물티슈 제품에는 친환경적 성분이 함유되어 있습니다. 다른 물티슈는 화학 방부제로 이루어져 있어, 아이들에게 좋은 것만 주기 위해 엄마들이 선택할 수 있는 천연성분원료로 구성하였습니다. 저희 제품은 아이들이 쓸 때도 안심할 수 있는 성분이 들어 있어 경쟁력이 있습니다. 아이들과 가족을 위한 안전한 제품을 개발하는데 노력하고 있으며 아이들을 위한 믿을 수 있는 전용제품으로 인식하여 주요 고객층의 만족도가 높습니다.

제품 개발 시 친환경적인 요소에 어떤 실질적인 노력을 기울이고 있으며, 일반 제품과 차별화된 친환경적인 특징을 가지고 있는지 설명해 주세요

제품을 만들 때 실질적으로 소비되는 원료나, 상품화하는 제품에 대해서 친환경적인 요소를 넣어야 한다고 생각합니다. 그냥 일반적인 화학물, 그리고 사용 후에 소각해야 하는 제품은 친환경적이지 않은 것이고, 저희는 이 부분에 접근해서 개발하려고 합니다.

기술 혁신과 현대적인 솔루션 도입에 대한 회사의 관점은 무엇인가요

서울대학교, 카이스트, 포항공대, 유니스트 등 교수님들의 창업 브랜딩을 해드리는 일도 하고 있습니다. 브랜딩을 해드릴 때 가장 문제가 되는 것은 아이디어는 좋은데 상품화가 어렵다는 것입니다. 하지만 국내에는 여러 좋은 제조사들이 있고, 교수님의 기술과 학교의 기술을 브랜딩하는 데 그러한 자원들을 활용합니다. 그리고 친환경적인 요소를 투입하는 것 또한 중요하다고 생각합니다.

물티슈 산업에서 친환경적인 성분 및 생분해 가능한 원단을 제품에 적용

하려는 노력이 어 떠한 환경적 영향 을 창출하는지 알 려주세요

물티슈 산업에 뛰어든 후, 많은 폐기물들이 발생한다는 사실을 알게 되었습니다. 이와 같은 사실을 개선하기 위해 친환경적인 성분을 넣은 제품을 만들고, 생분해 가능한 원단 등을 활용한 제품을 연구 개발하여 적용하고 있습니다.

화학물을 사용하지 않고 기능을 개선하는 연구를 진행하고 있으며, 이를 통해 환경과 사회에 이바지하는 제품을 생산하는 것이 중요하다고 생각합니다. 아이들이 사용하는 제품이기 때문에 더욱 신경 쓰고 있으며, 미래 세대를 위한 지속 가능한 발전을 추구하고 있습니다.

환경에 친화적인 제조 기반과 생산라인을 구축하기 위한 연구에서 어떤 구체적인 노력을 하고 있으며, 물티슈 제품에서 사용하는 천연물이 어떻게 인체 건강과 환경에 도움을 주는지 설명해 주실 수 있을까요

환경에 저해되지 않는 제조 기반과 생산라인을 구축하기 위해

(주)카르

많은 연구를 진행하고 있습니다. 대부분의 물티슈에는 화학방부제가 함유되어 있지만, 저희는 천연물을 이용하여 인체 건강과 환경에 전혀 해가 되지 않는 제품을 생산하고 있습니다. 이러한 노력을 통해 지속 가능한 비즈니스 모델을 추구하고 있습니다.

제품을 개발하면서 어떤 방식으로 고객의 니즈를 파악하고 반영하고 계신지 궁금합니다

저희는 고객의 목소리에 귀를 기울이고, 제품의 품질과 서비스를 개선하기 위해 노력하고 있습니다. 제품을 판매하는 과정에서 발생하는 문제들을 빠르게 해결하고, 고객의 니즈를 반영한 제품을 개발하기 위해 끊임없이 연구하고 있습니다.

제품을 계속적으로 개선하고자 어떠한 노력이 있었는지 알려주세요

제품을 사용한 후 발진 증상이 있다는 고객의 피드백이 있었습니다. 저희는 천연 재료를 사용하여 물티슈를 제작하기 때문에 면역 작용이 발생할 수 있다고 설명 드리고, 기존의 다른 물티슈와는 성분이 다르기 때문에 사용자의 피부가 적응을 하기 위한 면역 작용이라고 안내 드렸습니다. 또한, 저희 제품은 피부 세정 기능뿐만 아니라 항균 소독 작용도 가능하기 때문에 일상생활에서 안전하게 사용할 수 있다고 말씀 드렸습니다.

서비스 전망, 확장 계획 등에 대해 어떻게 생각하고 계십니까

친환경적인 제품을 개발하고, 성분의 중요성을 알리는 데 주력하고 있습니다. 최근에는 방송국에서 저희 제품이 노출되어 판매량이 증가하고 있으며, 앞으로는 홍보와 마케팅, 영업에 더욱 신경 써서 사업을 확장할 계획입니다.

협력 업체와의 협업을 강화하기 위해 어떤 방안을 고려하고 있는지 알려주세요

함께 성장할 수 있는 비즈니스 모델을 구축하고, 소비 트렌드를 선도하는 사업 구조를 갖추는 것이 중요합니다. 또한, 좋은 제품을 만들기 위해서는 협력 업체와의 협업이 필수적입니다.

㈜클라우스오투
송창재 대표

Song, Chang Jae

> "좋은 공기질은 환경 보호에도 기여합니다. 최근 대두된 대기 오염 문제는 우리 존재의 기반을 심각하게 위협하고 있습니다. 코로나19 전염병의 대유행은 최근에 공기질의 중요성을 명확히 하였습니다. 바이러스와 세균은 전염병의 확산에 영향을 미칠 수 있으며, 따라서 적절한 공기 정화와 환기는 전염병 예방에 핵심적인 역할을 합니다."

환경과 건강을 위한 클린 서비스의 혁신,
시스템 에어컨/공조기 세척 전문업체
㈜클라우스오투

실내 공기의 효과적인 정화는 매우 중요한 요소입니다. 공기질을 개선하고 유지하는 것은 우리 삶의 질을 향상시키고 건강을 지키는 데 큰 도움이 될 수 있습니다. 나쁜 공기질은 실내 환경에서 유해 미생물, 화학물질 및 먼지를 통해 호흡기 질환과 알레르기 증상을 유발할 수 있어 각별한 주의가 요구됩니다. 실내 공기의 산소 농도와 품질이 좋을 때, 뇌는 더 효과적으로 작동하고 집중력이 향상될 수 있습니다. 이는 학습, 업무, 창조적인 활동 및 일상 생활에서의 성과에 영향을 미칩니다. ㈜클라우스오투는 합리적인 가격과 독자적인 기술로 실내 공기를 효과적으로 정화하는 시스템 에어컨/공조기 세척 서비스로 주목받고 있습니다. 미세먼지 처리뿐만 아니라 외부 환경에도 영향을 미칠 수 있는 환경오염에 집중합니다. 공기 상태가 나빠질수록 각종 질병이 유발되는데, 특히 의료 시설에서는 안전에 더욱 신중을 기해야 합니다. ㈜클라우스오투는 클린 서비스를 제공함으로써 건강한 환경과 고객의 건강에 사명감을 느끼고 있습니다. 뿐만 아니라, 장애인 표준 사업장으로 운영하며 사회 다양성에 기여하고자 합니다. ㈜클라우스오투 송창재 대표는 독창적인 비즈니스 모델과 철저한 서비스 품질로 차별화된 경쟁력을 구축하며, 지속적인 성장을 이루고 있습니다.

㈜클라우스오투의 ESG 가치철학을 말씀해 주세요

공기 정화기의 경우 단순히 실내에 있는 미세먼지만을 처리합니다. 그러나 우리 업체는 실질적으로 환경에 도움이 되는 서비스를 제공합니다. 실외 공기 환경에도 영향을 미칠 수 있는 미세먼지를 처리하기 때문입니다. 공기 상태가 안 좋아지면 각종 질병이 유발

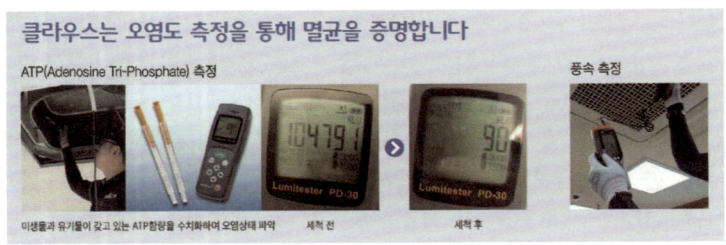

됩니다. 냉방병, 설사, 폐렴 등 특히 병원 등의 시설에 작업하러 갈 때는 더욱 신중을 기합니다. 일반인들보다 안 좋은 공기에 대한 저항성이 약한 분들이 많기 때문입니다.

우리는 클린 서비스를 제공함으로써 건강을 개선하고 맑고 깨끗한 환경을 제공합니다. 이에 대하여 사명감을 갖고 서비스 제공에 임하고 있습니다. 그리고 장애인 표준 사업장으로, 장애인을 고용합니다. 장애인의 사회 진출과 적응을 돕는 것입니다. 어떤 특징을 지닌 사람이든, 사회의 구성원이라면 그 사회에 효과적으로 녹아들 수 있어야 합니다. 이런 철학을 갖고 실천하기 위해 다양한 방안을 구상했고, 그 중 하나가 장애인 표준 사업장으로 업체를 운영하는 것입니다.

클린 서비스 시장에서 서비스를 제공하려는 결정을 내리신 계기가 무엇일까요

클린 서비스 시장의 맹점을 파고든 것입니다. 이 시장에는 위와 아래만 있습니다. 즉, 하청을 맡기는 업체와 하청을 받는 업체만 있습니다. 중간 지점에서 하청 없이 서비스를 제공하는 업체는 전

무했습니다. 이들 파악하고 나서, 클린 서비스를 시작했습니다. 처음에는 여러 시행착오를 겪기도 했지만, 그것이 나중에는 노하우가 되었습니다.

기존 공기 정화 서비스의 문제점을 파악하고 어떠한 독자 서비스를 구축하셨나요

에어컨, 공조 덕트 등을 세척하는 기존 공기 정화 서비스는 하도급에 하도급을 거듭하여 좋은 서비스 품질을 담보하지 못했습니다. 그 자신만의 기술이 없고, 하청 업체에 모든 서비스를 위탁하다 보니 서비스의 질이 그닥 좋지 않은 것입니다. 또한, 공기 정화 서비스를 제공하는 대기업은 마케팅에 주력하고, 그 하청 업체는 영업 능력이 떨어지니, 단계별로 하도급을 맡길 수밖에 없는 구조

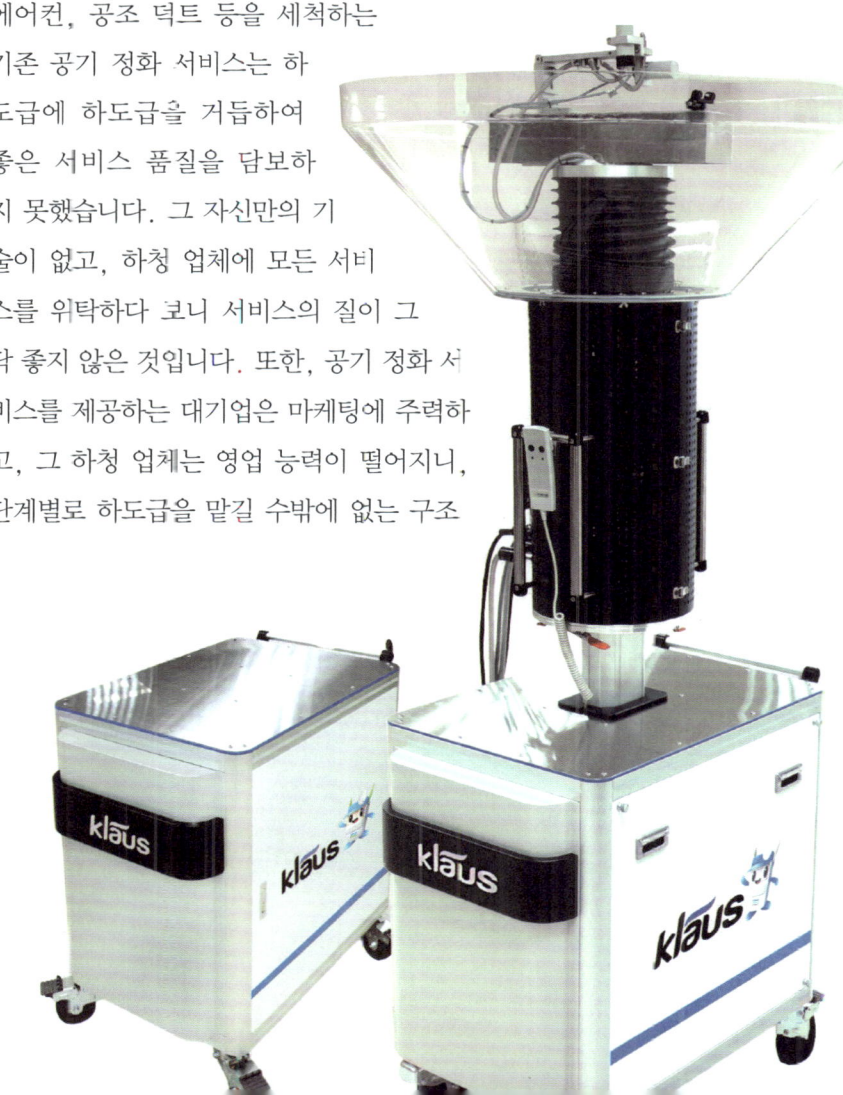

입니다. 그러나 우리 업체는 하청을 맡기지도 않고, 하청을 받지도 않습니다. 영업, 마케팅, 세척 서비스를 한 번에 제공하고 있습니다. 대기업에서 협업 제안이 와서, 더욱 체계적인 서비스를 제공하고 있습니다.

대기업과의 협업 등 서비스 성장세에 대한 배경과 비결을 알려주세요

사업을 시작한 지도 벌써 7년이 다 되어갑니다. 고정 고객이 계속 늘어나며 서비스가 신뢰를 얻고 있습니다. 이에 대해서 매우 뿌듯한 마음입니다. 고정 고객이 계속 늘어나며 각 지역에 지점을 내기 시작했습니다. 하지만 가맹점은 영업 능력에 부족하여 고객 확보에 미진합니다. 그래서 직영 서비스를 운영하고 있습니다. 클린 서비스에 필요한 기술 지원도 본사에서 해결해줍니다. 이로써 사업의 범위가 서울을 넘어 각 지방으로 확장되고 있어, 사업의 전망이 밝은 편입니다. 앞으로도 이러한 기조가 유지될 것으로 보입니다.

150도의 온도에서 작동하는 스팀 멸균과 최근에 추가된 UV

조사 기능은 어떻게 공기 오염도를 줄이는 데 기여하고 있는지 설명해 주세요

우리 업체의 장비는 매우 체계적이고, 단계별로 작동합니다. 차근차근, 에어컨 뜨는 공조 덕트를 해체하고, 가이드 보호대를 설치합니다. 분진이 주변으로 날리지 않게 하기 위함입니다. 이후에는 오염도를 체크하고, 장비를 작동시킵니다. 세제 분사 및 세척, 스팀 멸균, 고압 헹굼, 건조 등의 과정을 거치게 되는데, 이 과정을 다 거치고 나면 오염도가 극적으로 줄어듭니다. 99%의 세척 효과가 있습니다. 특히 150도의 온도에서 작동하는 스팀 멸균 절차는 우리 업체만의 기술로, 오염도를 줄이는 데 효과적으로 기여합니다. 또한, 최근에는 장비들을 업그레이드하여 세척 초기부터 UV조사를 하는 기능도 추가하여 완벽한 세척이 이루도록 보완했습니다.

(사)한국시니어골프협회
조정영 회장

Cho, Jeung Young

> "70세인 저는 지금도 여전히 꿈을 키우고 있습니다. 소박하게는 골프 실력을 조금 높이고, 건강을 유지하고 싶습니다. 이러한 마음 가짐이 우리 회원들에게 전해졌으면 합니다. 각자의 능력을 인정하고, 작은 성취를 통해 만족감을 느끼는 것이 중요하다고 생각합니다. 협회에서 만난 친구들과 함께 골프를 즐기며 지내고, 그들이 나와 같은 마음을 가지고 함께 하면서 하루를 마감할 때 편안하게 잠이 들 수 있는 것이 제 개인적인 꿈입니다."

ESG를 향한 레저와 사회적 책임의 새로운 지평
(사)한국시니어골프협회

고령화 사회에 접어든 후, 노년층의 삶에 대한 사회적 관심이 커지는 상황입니다. 특히, 건강을 유지하고 활력 있는 삶을 위한 스포츠 활동이 주목을 받고 있습니다. (사)한국시니어골프협회는 청장년 포함, 노년층들도 즐길 수 있는 스포츠 문화를 육성하고자 하는 목표를 가지고, 2010년 설립 이후 골드를 통한 다양한 행사와 활발한 활동을 이어나가고 있습니다. 시니어들의 더나은 삶, ESG 경영에 대한 철학까지, 사회적으로 건강한 가치를 추구하는 단체로의 영향력을 발휘합니다. 2024년 1월부터 한양대학교 미래인재교육원에서 CEO골프마스터과정의 총괄주임교수로 재직하는 (사)한국시니어골프협회 즈정영 회장은 그동안 협회를 이끌어 온 노하우로 체계적이그 전문적인 골프교육에 앞장서며 골프를 통한 시니어들의 활발하고 건강한 삶과 협회가 추구하는 ESG 가치 확산을 위한 선한 영향력을 사회에 행사하고자 합니다.

(사)한국시니어골프협회의 ESG경영철학은 어떠합니까

협회 내에는 ESG 관련 전공을 한 교수님들이 다수 계십니다. 그들로부터 ESG가 무엇이며, 어떻게 실천해야 하는지에 관해 많은 교훈을 얻었습니다. 이후 협회가 채택해야 할 ESG 철학에 대해 열심히 고민했습니다. 협회는 오랜 기간동안 전 세대가 참여할 수 있는 행사를 주최해왔습니다. 시니어골프협회라는 이름에 걸맞

게, 자연 속에서 골프를 통해 건강과 삶의 활력을 얻을 수 있도록 하는 것이 목표입니다. 또한 협회 내의 조직 구조에 있어서도 수평적인 형태를 추구하고 함께 만들어가는 이념으로 가고 있습니다. 이외에도 여러 방면으로 ESG경영에 선도하고 체육발전에 공헌한 바를 인정받아 2023년 12월 1일에 ESG브랜드대상을 수상하였습니다.

골프를 통한 사회적 기여와 활기찬 문화를 어떻게 조성하는지 알려주세요.

사회적 기여라는 표현이 거창해 보일 수 있지만, 저는 이를 전혀 거창하지 않다고 생각합니다. 서로 각자의 위치에서 최선을 다하면 그것이 사회적 기여가 될 수 있습니다. 시니어골프체제를 운영하는 입장에서 가장 주력하는 것은 시니어들이 자신이 발휘할 수 있는 능력 아래에서 최상의 성과를 보일 수 있도록 하는 것입니다. 늙어가는 것이 아니라 익어가는 것이라는 노래 가사가 있습니다. 이 말을 참 좋아합니다. 노화되는 것들을 기쁘게 받아들이면서 골프를 통한 활기찬 문화가 정착되었으면 합니다.

협회의 설립배경과 그동안의 주요 활동을 소개해 주세요

지난 2010년에 처음으로 협회가 만들어지고, 실질적인 활동이 시작된 것은 2014년부터입니다. 협회를 처음 설립한 분들은 주로 현역 프로와 교수들로 구성되어 있었습니다. 이후 제가 경희대학교 체육대학원 CEO골프최고위과정 교수를 그만두면서 협회의 회장직을 맡게 되었습니다. 한국시니어골프협회는 주로 청장년층을 대상으로 하며, 시니어들이 활동적인 일을 통해 보다 윤택한 삶을 살기를 바라는 취지를 가지고 있습니다. 현재 다양한 행사를 개최하는데 그 중 하나는 주니어골프대회(경희대학교총장배 전국 중.고등학교 골

콜라보뉴스가 주최하고 한국환경공단이 후원한 '글로벌 성장동력 2024 ESG리더십 콘퍼런스·시상식'에서 ESG브랜드대상으로 상패를 수상한 (사)한국시니어골프협회 조정영 회장

프대회)입니다. 이 대회를 통해 우수한 선수를 육성하고, 그들에게 장학금을 지급합니다. 규모가 크고, 우승한 선수들에게 제공되는 혜택도 매우 훌륭한 행사 중 하나입니다. 우리는 이를 통해 선한 영향력을 발휘하는 계기로 삼고 있습니다

골프대회를 언급해 주셨는데요. 협회가 어떻게 다양한 분야로의 확장을 계획하고 있는지, 이를 통해 선한 사회적 영항을 끼치고자 하는지 알려주세요

협회는 주니어 육성에 큰 관심을 가지고 있습니다. 이를 위해 국내에서 핸디캡 카드를 발급하는 방안을 고려 중입니다. 아마추어 골퍼들은 자신의 실력을 검증하고 핸디캡 카드를 받아야 하는데. 이들이 스코어에만 집착하는 경향이 있다는 점을 부정할 수 없습니다. 부족하다고 생각하는 부분을 높이기 위해 노력하면서 실력

을 향상시킬 수 있도록 돕고 싶습니다. 이를 위해 핸디캡 카드가 필요한데, 이러한 조치는 한국골프협회와 같은 기관에서 이루어져야 했을 것입니다. 그러나 이는 쉽지 않습니다. 특별한 이득을 창출할 수 없어 진행하기에는 어려운 결정일 것입니다. 개인적인 이득보다는 공적인 가치를 추구하는 노력이 필
요합니다. 또한 협회는 가족이 함께 골프를 즐기는 문화가 확산되었으면 하는 바람이 있습니다. 부모와 자식 간의 유대감을 증진시키는 방안으로 골프를 통해 가족이 화목하게 지낼 수 있기를 희망합니다. 이러한 문화가 협회를 출발하여 다양한 분야로 확장되는 것을 목표로 삼고 앞으로의 협회 운영 방향을 결정하려고 합니다.

시니어 골프협회의 회원에게 어떤 혜택과 지원을 제공하고자 하십니까

현재 협회에 속할 시니어골프 회원대상은 전국에 약 200만 명 정도로 매우 큰 규모입니다. 이를 협회로 모으고 관리하려면 상당한 자금이 필요한데, 핸디캡 카드 발급을 통해 이 문제를 해결할 수 있을 것으로 생각합니다. 효과적인 시스템을 구축하고, 핸디캡

카드로 얻은 자금을 회원들에게 골프장 할인, 회원 레슨 비용 등으로 돌려주는 방안을 고려 중입니다. 이를 통해 보다 건강한 골프 생태계를 형성할 수 있을 것입니다.

시니어 골프협회 회원 간의 교류와 소통을 강화하기 위한 방안에 대해 이야기해 주십시오

회원들을 위해 주기적으로 명사 초청 골프대회를 개최했습니다. 태국, 몽골, 라오스 등으로 여행하며 회원간의 친목을 다지면서, 아름다운 자연을 즐기기도 하고, 이를 통해 힐링을 경험하고 있습니다. 또한 성과 높은 회원들에게 상을 수여하여 동기부여를 하고 있습니다. 좋은 성과를 얻어 상을 받는 것이 시니어들에게 활력을 불어 넣어줄 수 있습니다.

지난 코로나 기간에 어려움에 처한 스크린 골프장과 상심하고 있는 회원들을 독려하고 방역을 철저히 준비하여 2회에 걸쳐 전국 아마추어 스크린골프대회를 성황리에 진행 했습니다. 이는 골프계에 반향을 일으킨 매우 이례적인 일이었습니다. 협회의 이런 노력이 회원들에게는 교류와 소통으로 이어지는 결속력을 가지는 것입니다.

2024년도에도 시니어골프협회 주관으로 진행되는 행사가 다양하게 준비되어 있습니다. 이러한 형보를 계속해가면서, 앞으로도 시니어들이 골프를 더욱 즐길 수 있는 환경을 조성하고자 최선을 다할 것입니다.

(주)동남리얼라이즈
현지원 대표

Hyun, Ji Won

> " 실제로 제도적으로는 '친환경 제품'이라고 칭할 수 있으려면 그것이 개념적으로 친환경인지, 아닌지 보다 '친환경 규정과 시험'에 적합한가가 중요합니다. 하지만 이 규정과 시험이라는 것이 대부분 환경에 해를 끼쳤던 항목들에 대해 조금이라도 환경에 영향을 덜 끼치고자 마련한 제도입니다. 그러니 태생이 친환경인 제품들은 도리어 친환경이라는 단어를 사용할 수 없는 아이러니가 생깁니다. CXP라는 신소재와 이를 이용하고자 하는 수많은 기업들과 함께 제도적 문제들을 해결하며 임산업으로 나아가고자 합니다. "

열가소성 목재소재 CXP 제품으로 즐기는
친환경 라이프스타일
(주)동남리얼라이즈

CXP 소재를 사용한 다양한 제품을 생산하는 (주)동남리얼라이즈는 이 소재를 통해 나무를 플라스틱과 유사한 물성으로 활용할 수 있는 기술을 개발하였습니다. 이를 통해 친환경적이고 지속 가능한 제품을 제작하고자 하는 노력을 기업 철학으로 삼고 있습니다. 열가소성 목재소재 CXP 제품의 주력 제품으로, 손편한 앞접시, 차분한 머그, 나무 칫솔 등이 있습니다. C 제품들은 플라스틱 대비 더 자연스러운 질감과 환경 친화적인 특성으로 소비자들에게 긍정적인 반응을 얻고 있습니다. (주)동남리얼라이즈 현지원 대표는 환경적, 사회적 책음에 대한 노력으로 국내 숲의 건강을 강조하고 있으며, 정부의 산림경영 정책에 대한 인식과 협력을 통해 환경 보전에 기여하고자 합니다. CXP 소재를 더 다양한 분야에서 적용하기 위한 노력과 함께 친환경 소재의 가격 경쟁력을 향상시켜 일반 플라스틱 수준의 가격 경쟁 시장에서 우위를 유지하고자 하는 전략을 수립하고 있습니다.

(주)동남리얼라이즈 ESG 가치철학을 알려주세요

누구나 실천할 수 있는 ESG의 시스템을 만드는 것이 중요하다고 생각합니다. 저희 작은 기업 하나의 지속가능한 경영을 넘어, CXP 소재를 통해 제품을 생산하는 모든 업체가 저희가 CXP에 담고 있는 가치와 철학에 동의하고 지속가능한 세상을 위해 움직일 수 있었으면 합니다.

지속가능한 세상을 위해 CXP 소재가 어떻게 산림을 더 효과적으로 관리하고 이용할 수 있게 도와주는지 설명해 주세요

동남리얼라이즈는 CXP 소재를 통해 지구를 석탄기로 되돌려 놓고자 하는 목표를 가지고 설립되었습니다. 석탄기라고 함은 나무가 미생물에 대한 저항성을 처음 가지게 되며 나무가 썩지 않고 크게 자랐으며, 그럼에도 불구하고 생명은 번성하고 산소 농도는 굉장히 높았습니다. 현대에 기후위기를 헤쳐 나가기 위해 가장 유의미한 탄소 흡수원으로 산림이 꼽힙니다. 하지만 많은 나라에서 산림경영 이후 생기는 부산물들을 처리하기 어려워 산림경영을 지속하지 못하거나, 산림경영에서 수익이 충분하지 못해 지속하지 못하고 있습니다. CXP 소재는 목재를 지금보다 훨씬 다양한 제품에 대량으로 이용할 수 있게 하고, 오랫동안 탄소를 저장할 수 있도록 함으로서, 이윤에 기반한 산림경영이 가능할 것으로 기대하고 있습니다. 그렇게 되면 CXP 소재를 많이 이용하는 일반 기업들도 산림을 기르게 될 것이며, 이렇게 동시다발적으로 산림경영을 하게되면 지금 인류가 마주하고 있는 기후위기를 이겨낼 수 있을 것이다 생각하고 설립되었습니다.

사출이 가능한 목재 CXP소재의 특징과 이 기술을 어떻게 활용하고 있나요

'사출이 가능한 목재' 라는 단어 자체가 특징입니다. 그나마 업계에서 익숙한 나무-플라스틱 복합체(WPC)도 요즘은 사출용으로 박람회에 종종 보였습니다만, 그 전까지 WPC라는 소재는 바닥재로 주로 이용되었습니다. 목분을 섞거나 커피박을 섞는 등의 바이오매스를 섞는 기술들 또한 발전되어왔지만 기본적으로 플라스틱에 성형성을 기대는 기술이기 때문에 그 한계와 단점 또한 존재했습니다. CXP 소재는 이를 목분끼리의 자가결합을 이용하여 해결했습니다. 이것이 나무를 가지고 플라스틱과 똑같은 물성을 낼 수 있다는 의미는 아니지만, 이미 수많은 제품들로 저희는 이 기술이 충분히 사용성과 상용성이 있는 기술이라는 것을 증명하고

있습니다. 현재는 경질의 제품을 제작할 수 있는 그레이드가 주로 판매되고 있지만, 장기적으로 더 다양한 분야에서 목분을 활용할 수 있도록 소재의 적용범위를 확대해 나갈 예정입니다.

탄소창고 브랜드의 CXP 제품에 대한 특징을 설명해주세요

원소재로는 열가소성 목재소재 CXP 제품이 있으며, 소매품을 취급하는 저희 탄소창고 브랜드에는 차분한 머그, 손편한 앞접시, 나무 칫솔 등의 제품들이 준비되어 있습니다.
플라스틱보다 더 자연스러운 질감과 따뜻한 CXP 소재의 느낌을 좋아해주시는 분들이 많은데요. 특히 칫솔의 경우 자주 사용하고 버리게 되는 제품이다 보니 플라스틱보다 나무를 써주시고자 하는 수요가 더 많은 편입니다.

현재 플라스틱 대체 기술들이 늘어나고 있지만, 실제로 상용화

되는 데에 어려움이 있다는 주장이 있습니다. 이러한 어려움이 발생하는 이유와 CXP 소재가 어떻게 이러한 어려움을 극복하고 있는지 설명해주세요

현재 플라스틱을 줄이고자 하는 연구는 끊임없이 수행되고 있으며 수많은 연구기관들에 의해 대체품이 많이 나오고 있습니다. 하지만 대부분의 기술들이 현장에 적용되지 못합니다. 그만큼 Lab 수준의 기술과 실제 상용화가 가능한 기술에는 차이가 있으며, 이 부분에서 CXP 소재는 충분한 경쟁 우위를 보유하고 있는 상황입니다. 실제로 많은 기업들에서 '이 기술이랑 비슷한 것 아니냐' 라고 보내주시는 기술은 대부분이 플라스틱을 베이스로 한 바이오매스 혼합형 사출소재로, 바이오매스 자체가 베이스가 되는 CXP 기술과는 기술 기반을 달리합니다. 기본적으로 리버스 엔지니어링이 어려운 기술이기 때문에 단기간에 문제가 되지는 않을 거라고 생각하지만, 더욱 다양한 범위에서 이용할 수 있도록, 또한 친환경 소재의 높은 가격수준 경쟁이 아닌 범용 플라스틱 수준의 가격경쟁 시장에 뛰어듦으로써 생산량을 늘려 우위를 점하는 방법을 수행하고자 하고 있습니다.

고객들이 어떻게 서비스를 경험하고 있는지에 대한 성공 사례를 언급해 주세요

대부분은 온라인에서 저희 제품을 접하시고, 오프라인인 경우는 친환경 샵인 제로웨이스트샵/박람회를 통해 저희 제품을 접해주고 계십니다. 문의는 온라인으로 찾아서 많이 주시지만 결국 실제로는 실물을 오프라인 샵에서 보시거나, 대량주문을 위해 샘플이라도 받으시게 되면 실제 구매로 연결되시게 됩니다. 이는 굉장히 긍정적인 방향이라고 생각하고 있으며, 플라스틱과는 다른 촉감, 색감 등의 인상이 고객들에게 긍정적인 첫인상을 준다고 생각하고 있습니다.

환경적, 사회적 책임을 어떻게 다루고 있는지에 대해 설명해 주세요

저희는 항상 다니면서 우리나라 숲의 건강에 대해 이야기하고 있습니다. 우리나라는 방대한 양의 숲 면적을 가지고 있지만, 2008년부터 지속적으로 이산화탄소 흡수량이 감소하고 있어 숲 관리가 반드시 필요한 상황입니다. 이런 현 상황의 문제에 대해 알리고, 나무를 써야되는 이유와 더불어 정부가 수행하는 산림경영의 중요성을 알리는 것이 저희 기업이 환경적이자 사회적인 책임을 수행하는 방법입니다. 숲에 많은 생물들이 상생하듯, 저희도 환경을 위한 정부의 정책, 혹은 기존 플라스틱 사업자들과 상생하기를 바라고 있습니다. 그렇기에 기존 플라스틱 공정에 호환되는 기술로 개발하여 사업자들로 하여금 플라스틱을 줄이기 위한 현실적인 대체방안이 될 수 있도록 노력해, 저희 소재를 쓰는 모두가 저희와 같이 환경적, 사회적 책임을 다할 수 있도록 하고 있습니다.

CXP 신소재와 협력하는 기업들과 함께 제도적 문제를 해결하기 위한 구체적인 협업 방안이나 노력에 대해 알려주실 수 있을까요

현재 저희가 당면하고 있는 가장 큰 계획은 범국가적인 탄소중립 기조에 따라가지 못한 규제들을 하나씩 바꾸어 놓는 일입니다. 비단 저희를 이야기 하는 것이 아니라, 예를 들어 나무를 깎아서 만든 제품이 있을 때, 그 칠을 제외하면 전체가 나무로 되어있으며 그것이 플라스틱 제품에 비해 친환경 적이라는 것은 누구나 개념적으로 동의할 것입니다.

나무 제품의 종류에 대해서도 법에서 지정된 종류만 인정되는데, 대부분이 건축재가 되어 사각지대에 놓이는 제품들이 다수입니다. 제도적인 악용을 막기위해 항목을 정하고 인정을 하는 화이트리스트(Whitelist) 방식이 임업인들에게는 오랫동안 발목을 잡는 문제가 되었는데요. 저희는 CXP라는 신소재와 이를 이용하고자 하는 수많은 기업과 함께 이러한 제도적 문제들을 해결하여 더 많은 기업이 제도적인 도움을 받으며 임산업으로 나아갈 수 있도록 하고자 합니다.

C.N.ONE(주)
# 이승민 대표

Lee, Seung Min

> " 가맹점주와 상생하는 방안을 연구하고 있습니다. 어떻게 하면 가맹점의 수익을 극대화시키고 효율성을 높일 수 있을지 연구하고 있습니다. 우리는 '고-투 브랜드'라는 명확한 목적을 갖고 있습니다. 이 목적을 통한 차별성, 핵심 가치는 고객이 지금껏 느낀 가치에 새로운 변화를 일으키는 활동의 혁신이라 생각됩니다. 시장에서 저희가 개척하는 부분에선 선두가 되고 싶습니다. "

지구를 위한 선택,
BAKLUB(베이크럽)이 제시하는
'헬씨 케어 패스트푸드' 프랜차이즈
C.N.ONE(주)

패스트푸드에 대한 인식은 대체로 '건강을 고려하지 않는 음식'으로 여겨지지만, 맛은 있지만 건강과는 거리가 있는 음식이라 할 수 있습니다. 패스트푸드는 빠른 해결책을 제공하며 정보보다는 흥미를 유발하여 장기적인 건강에 해를 끼칠 수 있습니다. 그러나 어린이부터 어른까지 선호하는 음식으로도 알려져 있습니다. 최근에는 개인 건강과 인구 고령화가 중요시되는 시대에 맛뿐만 아니라 건강도 고려해야 한다는 고민이 더해졌습니다. 베이크럽은 이러한 문제에 대한 새로운 접근 방식으로 '헬씨 케어 패스트푸드'를 제시하고 있습니다. 조리흄 발생으로 인한 건강 문제와 지구 환경 오염에 대한 우려를 해소하기 위해 튀김 방식을 모든 제품에서 제외하고 있습니다. C.N.ONE(주) 이승민 대표는 베이크럽을 통해 고객과 가맹점이 모두 만족할 수 있는 해결책을 제공하고자 하며, 새로운 제품과 서비스를 통해 헬씨 케어 패스트푸드를 실현하고자 노력하고 있습니다.

ESG 경영 철학을 알려주세요

기업 평가를 받으며 소비자 국민 건강이란 부분은 연결이 되어 있었습니다. ESG 부분이 우리 브랜드가 미투(Me-To) 브랜드가 아닌, 고투(Go-To) 브랜드로서 고객이 우리를 찾아오게 만드는 아이템 중 하나라고 생각합니다.

ESG 푸드 경영에 걸맞은 기업이 되고자 노력하고 있습니다. 저희 각각의 브랜드는 이미 테스트 마켓을 진행 하면서 소비자 국민 건강을 고려하고 있습니다. 아직 규모가 커지기 전이라 드러

나지 않았을 뿐, "유저를 통한 가설검증 과 소비시장에서 오는 조언을 통하여 솔루션 및 결과를 확인", 테스트 마켓을 계속 진행 중입니다.

상호에 담긴 의미와 이는 회사의 비전과 어떻게 연결되어 있는지 설명해 주세요

회사명에 대해 말씀드리자면, 첫 번째의 C.N.ONE은 '크라이스트 넘버원'이라는 뜻을 갖고 있습니다. 두 번째는 '클라이언트 니즈 원'이 라는 의미를 부여하여 이름을 만들게 되었습니다. 현재 진행 중인 프랜차이즈 주요사업 브랜드로는 베이크럽(BAKLUB)과 투미닛 피자(2:MINUTES PIZZA) 입니다. 이중에서도 시장의 문제와 비어이있는 영역, 니치마켓, 발전 단계에 있는 시장을 공략하는 회사로 보시면 될 것 같습니다.

건강과 웰빙을 강조한 차별화된 메뉴와 서비스를 소개해 주세요

현재 아이템은 두 가지입니다. 큰 틀에서 보면 직영 사업, 가맹 사업이그 그 안의 각각 브랜드 아이템은 베이크럽(통밀 샌드버거)과 투미닛 피자(치아바타 화덕피자) 입니다.
국내외에서 처음 선보이게 되는 베이크럽의 경우에는, 일반적인

고도로 가공된 탄수화물 밀가루가 아닌 '통밀'을 구워서 사용합니다. 패티도 오븐에서 기름을 많이 제거하는 쪽에 맞추어져 있는 '다이어트 패티' 입니다. 사이드 디쉬도 모든 패스트푸드(패스트 캐주얼 포함)는 트랜스 지방 의 주범인 프라이드, 튀긴 종류인데요. 이러한 것들도 전제품 튀김기를 사용하지않는 방식으로 NO FRIED. ALL OVEN '모든 제품 베이크(오븐)' 하였고 소스 또한 식물성을 사용하여 헬씨 케어와 패스트푸드를 접목시켜 브랜딩 합니다. 정크 푸드의 문제를 해결해나가는 방향으로 나아가고 있습니다. 피자의 경우에도 일반도우와는 차별화 되는 치아바타 도우를 국내에서 처음 선보였습니다. 치아바타 도우는 첨가물을 사용하지 않아 소화가 잘되고 속이 편안하여 건강적인 측면을 보완한 것이 장점입니다.

건강을 중점에 두고 제품이나 서비스를 개선하고 있습니다

아무래도 사람들이 먹는 음식은 건강과 가장 밀접한 관계가 있으니까요. 그 문제점을 파악하고, 고유한 솔루션을 만들고자 합니다. 아직까지 햄버거 패스트푸드 산업 (유효시장 5조-23년 국내 기준) 은 유명 브랜드와 건강을 배려하지않은 맛에만 치중되어 있습니다. 본질적인 문제는 개선이 하나도 안되고 있는데요. 시장의 한계라고 보여집니다. 현재는 테스트

마켓을 세우고 정식적인 플래그십 스토어가 나오기 전 워밍업을 마무리하는 단계입니다. 지속적으로 소비자 반응을 살피고, 매분기마다 시장의 문제에 대한 솔루션과 새로운 아이템을 브랜딩 하여 시범적으로 운영하고 있습니다.

외식업에 참여하게 된 계기와 성장 단계에 대해서도 소개해 주세요

전 사실 외식업하고는 전혀 관계가 없는 사람이었습니다. 유년기부터 성인기까지 럭비 선수로서 생활해 왔고, 명문 배제고등학교와 고려대학교에서 팀 리더 역할을 맡으며 엘리트 럭비 선수로서 최고의 길을 걸어왔습니다. 전국 랭킹 1위, 전국 스카우트 순위 랭킹 1위 정점을 찍고 비인기 종목의 한계에 직면 하면서 이후 실업팀의 제안은 거절하고, 삶의 전부라고 여겼던 럭비 선수 은퇴 후에는 새로운 제2의 인생을 개척하여야 했습니다. 선수시절 내내 식단과 몸관리를 위한 건강하고 질 좋은 음식을 항상 접해왔었고, 이러한 "나의 경험가치를 디자인해 고객에게 제공할 수 있어야 한다"를 모토로 삼아 시작했습니다. 처음에는 7년을 워밍업, 3년을 도약, 그리고 1.5에서 2년 정도를 성장기로 삼고 시작했습

콜라보뉴스가 주최하고 한국환경공단이 후원한 '글로벌 성장동력 2024 ESG리더십 콘퍼런스·시상식'에서 국회의원 표창장을 수상한 C.N.ONE(주) 이승민 대표가 김상훈 국회의원(왼)과 기념촬영 포즈를 취하고 있다

니다. 2013년 2월에 법인을 세우고, 코로나와 같은 홀딩 시기를 거쳐 현재 워밍업 단계가 끝나는 단계입니다.

이제 도약의 시기입니다. 직면한 도전이 있다면요

"범용화는 최고의 적이다" "범용화의 덫"
"차별화를 통한 시장 지배"
고-투 브랜드로서 바로 서기 위한, 저 스스로 몇 번을 강조해도 모자라지 않은 말인 것 같습니다. 그러므로 시장의 한계에 있는 뛰어 넘어야할 기존의 대안, 패스트푸드 산업의 공통적이고, 중요하고, 급박한, 그러나 다른 누구도 충분히 주목하지 못한 문제를 소유하여 이 문제에 대한 고유한 솔루션을 지속적으로 개발하

'글로벌 성장동력 2024 ESG리더십 콘퍼런스·시상식'에서 C.N.ONE(주) 이승민 대표가 ESG리더십 연사 발표하고 있다

고 이를 기반으로 시장의 흐름을 주도하는 것입니다. 또한 최고의 고-투 브랜드로서 스스로를 정립함과 동시에 국민 건강 측면에서 어떤 음식과 서비스를 제공할지, 프랜차이저로서 가기 위한 새로운 시장의 리더로서 새로운 영역을 어떻게 확장해 나갈수 있는지를 바라봅니다.

마지막으로 누구도 지금 닿지 않은 새로운 시장을 개척하고 진입한다는 자체가 혁신이라고 생각합니다. 제가 지금 하고 있는 모든 것이 혁신이라고 생각됩니다.

(주)탈모야안녕
서병기 회장

Seo, Byung Gi

> "(주)탈모야안녕 제품을 사용하는 분들은 매우 절박한 심정을 가지고 있습니다. 고객 한 분 한 분이 두피 탈모 고민에서 벗어나는 것은 물론, 탈모야안녕에서 탈모를 해결하면서 고객에게 행복한 삶을 선사하고 싶습니다. 앞으로 고객의 더 많은 행복, 더 넓은 행복을 구현하기 위해 노력할 것입니다."

글로벌 행복을 꿈꾸며
탈모 산업계를 리드하다
(주)탈모야안녕

(주)탈모야안녕은 탈모 예방 및 모발 재생 뷰티 업체로 오랜 세월 동안 관련 제품을 연구·개발해 왔습니다. 두피 전문 브랜드로서 경쟁력과 과학적인 두피관리 기술, 그리고 지속 가능한 비전으로 탈모 산업계의 선두주자로 자리매김하였습니다. (주)탈모야안녕의 서병기 회장은 탈모로 인한 고민이 깊은 이들에게 희망을 주고, 더 나은 삶을 선사하고자 하는 의지로 오늘도 달려가고 있습니다.

(주)탈모야안녕의 ESG 경영 철학을 듣고 싶습니다

세상 모든 사람이 행복해졌으면 좋겠습니다. 우리 회사의 제품과 서비스로 인해, 행복해지는 것이라면 더욱 좋겠습니다. 탈모는 누구나 겪을 수 있는 문제입니다. 따라서 이를 해결하고, 고통 받는 이들에게 도움을 줄 수 있다면, 세상 사람들의 스트레스가 많이 절감될 수 있을 것입니다. 우리 회사는 이런 점을 철칙으로 삼습니다. 어떤 의사 결정을 내릴 때마다, '이 의사 결정으로 인하여 전 인류적인 행복이 추구될 수 있는가'에 관하여 가장 먼저 떠올리는 것입니다.

고객의 만족을 넘어 세상의 행복을 그리고 있네요

우리의 최종 목표는 행복입니다. 지구상의 모든 사람이 행복해지기를 바랍니다. 그러나 이런 행복은 갑자기 이루어지는 것이 아닙니다. 그러면 어디서부터 시작해야 할까요? 답은 우리 주변의 사람들입니다. 주변 사람들의 행복을 선도한 다음, 천천히 그 영향을 확장한다면 더 많은 사람들이 행복할 수 있을 것이라 생각합니다. 따라서 우리는 작지만 의미 있는 실천을 우선으로 삼아 행복의 발판을 만들어가기로 했습니다. 이러한 접근 방식을 앞으로도 유지하며 더 나은 기업으로 성장하고자 합니다.

제품 개발 과정과 경쟁력이 궁금합니다

두피도 피부와 다르지 않다는 아이디어로 대한민국에서 다양한 샴푸 제품을 경험하면서, 진진 브랜드의 샴푸를 개발하게 되었습니다.
두피 관리와 진진 제품 (샴푸) 종류 및 토닉, 앰플 3종류로 고객의 두피 관리 클리닉을 진행

김선화 (주)탈모야안녕 총괄 마케팅 대표

하면서 고객 만족도가 상승했습니다.

제품 개발 계획을 알려주세요

약 185가지 제품을 개발하는 계획입니다. 각 제품은 독특한 특징을 가지고 있으며, 탈모 증상에 탁월한 효과를 나타낼 것입니다. 오랜 기간 동안 쌓아온 노하우가 제품의 효능에 충분히 반영될 것입니다. 이는 수백만 명의 탈모 환자들에게 희망의 빛이 될 것입니다. 또한, 우리의 궁극적인 목표는 우리의 제품과 서비스가 전 세계적으로 소비되어 세계를 행복하게 하는 것입니다. 지구상의 모든 사람들이 우리의 제품을 사용하고 이를 통해 행복을 누리는 것이 우리의 목표입니다.

제품과 서비스를 개발하면서 겪은 도전이 있다면 무엇인가요

제품과 서비스를 개발하기 전에는 어떤 부분을 집중적으로 다뤄야 좋은 제품과 서비스를 만들 수 있을지에 대한 심도 있는 고민이 있었습니다. 해외 제품을 조사하면서 어느 부분을 공략해야 하는지 명확해졌습니다. 해외에서는 탈모 관련 제품이 많이 나왔지만 대부분이 기본적인 클리닝에만 중점을 두고 있었습니다. 이 점이 큰 문제로 여겨졌습니다. 많은 해외 제품이 두피에 대한 지식이 부족한 결과로 이어진 것으로 판단했습니다. 우리는 오랜 기간 동안 쌓아온 두피에 대한 과학적 지식과 노하우를 활용하여 경쟁력을 확보하기로 결정했습니다.

두피관리 기술도 주목받고 있는데요

현재 두피 관리 사업을 하는 분들이 각자의 노하우로 두피 관리를 하고 있습니다. 그러나 탈모야안녕은 두피관리 방법과 테크닉 기술은 사람머리(두상) 상태와 두피 상태, 두피 문제성, 두피 혈관, 혈 자리 등을 고려합니다. 머리카락 자라는 방향과 두께 상태를 고려하여 두피 관리하는 방법과 기술을 준수할 수 있도록 프랜차이즈 사업으로 정부 기관에 등록하여 교육을 하고 있습니다.

탈모야안녕 사업을 시작하게 된 계기가 있을까요

먼저, 대한민국의 미래 발전을 고려했습니다. 대한민국이 세계적인 영향력을 가진 국가로 성장하려면 어떤 사업이 필요할지 심도 있게 고민했습니다. 또한, 어떤 일이라도 누구나 할 수 있는 것이 아니라 독특하지 나만 할 수 있는 일은 무엇일지 고민했습니다. 그 결과, 탈모 산업에 뛰어들기로 결정했습니다. 많은 사람들이 탈모로 고통 받지만 그에 대한 해결책이 부족한 상황에서 우리가 이 공백을 채울 수 있다고 판단했습니다. 탈모 문제를 해결한다면 많은 사람들, 심지어는 세상 모든 사람이 행복해질 수 있다고 믿었기 때문입니다. 이런 생각에서 탈모야안녕을 창립하고 운영하게 되었습니다.

미용 분야의 트렌드와 시장 동향에 어떻게 대응해 왔나요

미용은 자본주의 사회 산업의 약 10%를 차지하고 있습니다. 피부 미용 또한 미용에 포함되며, 두피 역시 피부의 일부로 간주되

어 미용 분야에 관련되어 있습니다. 탈모 전문 사업은 미용 분야에서 소수의 비중을 차지하고 있기 때문에 충분한 정보가 없는 상황이었습니다. 따라서 우리는 이러한 상황에서 직접 트렌드와 시장 동향을 개척해 나가기로 했습니다. 쌓아온 사업 노하우와 두피 관련 지식을 기반으로 했습니다. 이로써 탈모 사업의 시장 상황을 주도하게 되었고, 우리의 제품과 서비스는 사랑을 받게 되었습니다.

기억에 남는 고객 반응이 있다면요

대다수의 고객이 우리 회사의 제품을 사용한 후 만족을 표현하며, 실제로 탈모 증상이 호전된 사례를 자주 보내주십니다. 우리 회사의 제품을 사용한 사람 대다수가 우리 회사의 평생 고객이 되었습니다. 탈모 초기 증상을 가진 분들은 심각한 증상을 예방하기 위해 우리 제품을 선택하고, 이미 심한 탈모가 진행된 경우에는 추가적인 증상의 진행을 억제하기 위해 선택하는 경우가 많습니다. 또한, 후기를 남겨주시는 많은 분들이 우리 제품을 사용함으로써 기대했던 효과를 얻었다고 강조하십시오.

재단법인 153글로벌비전
이재욱 대표

Lee, Jae Wook

> 농아인들은 일반인들과 소통하기가 어렵습니다. 우리는 농아인들이 삶을 충만하게 영위할 수 있도록 하는 활동을 적극적으로 실천하고 있습니다. 우리는 아프리카 학교에 초청을 받아 방문했을 때, 학비 때문에 학교에서 쫓겨난 아이들을 보며, 매년 440만 원씩 80여 명의 농학생들에게 장학금을 후원하고 있습니다. 1950년대의 우리나라와 같은 처지에 있는 국가들에 나눔을 제공하면, 희망이 생길 것입니다. 나는 이러한 믿음을 토대로, 앞으로 꾸준히 기도하고, 나아갈 것입니다.

농아인들에게 희망 전하는
(재)153글로벌비전

(재)153글로벌비전은 2017년부터 체계적인 업무 수행과 효과적인 선교를 통해 전 세계 농인에게 하나님의 사랑을 전하고 있습니다. 특히, 아프리카 농인들에 대한 선교에 주력하며, 농인들의 삶을 개선하기 위해 일자리 제공, 식량 제공, 교육 등 다양한 활동을 펼치고 있습니다. (재)153글로벌비전의 이재욱 대표는 농아인 대학교를 설립하고 농아인들이 차별받지 않고, 자기 능력을 발휘할 수 있는 세상을 만들고자 열정적인 노력을 펼치고 있습니다.

(재)153글로벌비전의 ESG가치와 주요 활동을 말씀 부탁합니다

우리는 2017년부터 선교를 시작했습니다. 선교를 위하여 다양한 주체로부터 후원을 받았으며, 이를 토대로 활동을 성공적으로 시작할 수 있었습니다. 우리가 활동을 시작하는 데 있어 가장 신경을 쓴 부분은 막구가내식이 아니라, 누구보다 체계적으로 일을 추진해야 한다는 다짐이었습니다. 우리가 주력하는 부분은 아프리카 농인들에 대한 선교입니다. 농인들에게 하나님의 사랑을 전하고, 일자리를 제공하고, 먹을 것을 줌으로써 그들의 삶을 개선하자는 것이 우리의 주요 기치입니다. 우리는 그간, 농인들, 가난한 이들에게 각종 생필품과 식량을 제공하는 활동을 펼쳤습니다. 또한, 교육을 위하여 학교를 짓기도 했습니다. 우리나라 속담 중에, 물고기를 줄 것이 아니라 물고기를 잡는 방법을 가르쳐줘야 한다는 말이 있습니다. 그간의 활동은 이에 착안하여, 그저 필요한 것을 주기보다는 필요한 것을 스스로 얻을 수 있는 기술을 알려주자는 취지였습니다. 그 외, 물이 부족한 지역에 우물을 파거나, 필요로 하는 가축을 후원한 것이 주요 활동 입니다.

(재)153글로벌비전의 의미는 무엇일까요

요한복음 21장 11절에 이런 구절이 있습니다. 요약하면, 예수님이 베드로에게 물고기를 잡으라고 한 곳에서, 베드로가 물고기를 잡으니, 그 물고기가 총 153마리였다는 것이다. 153이라는 숫자

아프리카 몸바사 염소농장 건립

는 곧, 하나님의 큰 축복입니다.

우리는 여기에서 영감을 얻어, 단체 이름에 153이라는 숫자를 넣었습니다. 하나님의 축복을 마음에 새기자는 의미입니다.

'글로벌 비전'이라는 이름은, 한국을 넘어, 도움을 필요로 하는 다양한 국가로 선교 활동이 뻗어나갈 수 있도록 하겠다는 의지에서 비롯된 것입니다.

그간의 성과가 궁금합니다

우리는 우간다, 콩고 등의 아프리카 등지에 10회 넘게 방문하였습니다. 그곳에 사는 이들이 예배를 할 수 있도록 지원했고, 공부를 할 수 있는 학교를 지었습니다. 최근에는 노아의 방주 교회를 짓고자 했는데, 토지 소유권 문제로 인하여 약간의 분쟁이 생겼습니다. 현재 재판이 진행 중입니다. 재판이 끝나면, 곧바로 다시 착수할 것입니다. 이에 공백기를 메우기 위하여 기존의 교회를 매입하려 했으나, 교회는 사고파는 것이 아니라며 해당 교회에서 운영권을 넘겨주었습니다. 감사한 일이었습니다. 또한, 단과 대학을 설립할 계획을 세웠습니다. 현재 이를 실현하기 위한 후원금을 모으고 있고, 전망이 밝습니다.

재단법인153글로벌비전 이재욱 대표(왼) 변복자 여사(오)

대표적 협력 관계에 대해 이야기를 해주시겠어요

사실, 고정적으로 협력하거나, 지원을 받는 파트너는 없었습니다.

처음 활동은 자비로 시작했습니다. 이후 42명의 이사님들이 함께 기도해 주시고, 지원을 열성적으로 해주셔서 여기까지 올 수 있었습니다. 앞으로 회사나 기관 등의 파트너와 함께 한다면 효과적일 것입니다.

이재욱 대표님께서 단체를 진두지휘하게 된 계기는 무엇인가요

나의 생각, 그리고 이사님들과의 공감대 형성이 잘 되었습니다. 이러한 결과에는 나의 '앞장서는 태도'가 기여한 공이 크다고 생각합니다. 아프리카에 가고 싶은 사람들을 솔선수범하여 이끌다 보니, 어느새 내가 전체 단체를 이끌어 가고 있었습니다. 나는 항상 누구보다 우리 단체가 하는 일에 열정적으로 임했습니다. 내가 먼저 행동하고, 내가 먼저 나의 진심을 다 보여주려고 했습니다. 이것이 여러 이사님들의 마음을 움직인 것이 아닐까 싶습니다. 물론, 앞으로도 내가 하려고 하는 일에 최선을 다할 것입니다.

단체를 이끌며 보람된 순간과 어려움을 극복한 에피소드가 있다면요

목회인 생활을 한지도 35년이 되었습니다. 현재, 전 세계적으로 농아인을 위한 선교가 부족한 상태입니다. 농아인들에게 하나님의 말씀을 전할 수 있다는 그 자체가 보람입니다. 우리는 우리가 만나는 모든 이들, 특히 농아인을 차별하는 이들에게 농아인과 일반인을 똑같이 대해야 한다고 말합니다. 이와 같은 정신을 바탕으로, 아프리카에서 다양한 형태의 선교 활동을 해왔고, 이는 우리

의 가치관을 효과적으로 피력할 수 있었던 계기였습니다. 농아인들에게 하나님의 말씀을 전하고, 농아인들에게 능력을 부여하는 일, 이를 통하여 농아인들에게 희망을 주었고, 한국의 저력을 보여주었습니다. 하지만 지금 가장 어려운 점은, 후원금이 부족하다는 것입니다. 관심과 지원은 더 많은 사람을 도울 수 있습니다.

개인적인 꿈이 궁금합니다

내가 내 명을 다하기 전에, 우리나라에도, 아프리카에 했던 것처럼, 농아인 대학교를 짓고 싶습니다. 나는 농아이며, 어릴 적 농아인 대학교를 가고 싶어서 공부했으나, 학비가 모자라 진학에 실패했습니다. 나와 같은 일을 겪는 사람이 없도록, 누구나 진학할 수 있는 농아인 대학교를 지을 것입니다. 현재 우리가 방문한 아프리카 국가에 대학을 지으려는 계획을 추진하고 있으며, 해당 국가 대통령으로부터 허가를 받았습니다. 농아인들이 우리가 지은 대학교에 진학하여, 학위를 인정받을 수 있다면, 그것은 농인들에게 큰 희망이 될 수 있을 것입니다. 농아인들이 보다 잘 살 수 있도록 하기 위해서라면, 무엇이든 할 것입니다.

범시민사회단체연합
이갑산 회장

Lee, Gap San

> "정치계가 더욱 나아지려면, 진영을 뛰어넘는 인재가 나와야 합니다. 내 편, 남의 편을 가르지 않고, 통합을 추구하는 인재가 필요한 것입니다. 최근 범시민사회단체연합은 사회 통합을 위한 활동을 펼치고 있습니다."

다양성 속에서 찾은 통합과 화합의 길
범시민사회단체연합

'의미 있는 삶이란 무엇인가' 범시민사회단체연합(이하 '범사련') 이갑산 회장이 스스로에게 항상 던지는 질문입니다. 60대에 접어들면서 새로운 삶의 방향을 모색하게 된 그는 기업가 출신으로서의 삶에서 벗어나 시민운동에서 의미를 찾았습니다. 시민운동에 참여하며 시민유권자운동을 통해 공정한 선거와 민주주의의 중요성을 강조합니다. 현 정치인들에 대한 비판적인 시각을 제시하며 앞으로의 시민운동에서 더 나은 미래를 위한 성찰이 필요하다고 말합니다. 사회통합과 평화통일을 위한 활동에 비전을 공유합니다. 시민운동을 통해 사회 구성원들의 시민 의식을 높이는 한편, 더 건강한 사회를 만들어 가는데 이바지하고, 나아가 그 사회를 후손들에게 물려주는 것은 그의 삶의 임무이자 비전이 되었습니다.

범사련의 ESG 가치철학을 알려주세요

시민운동에 대하여 많은 고찰을 해보았습니다. 시민운동은 어떤 방향으로 나아가야 하며, 무엇을 위해야 하며, 바람직한 시민운동을 펼치기 위해서는 어떤 노력이 필요할지 등, 그 결과, 시민운동은 그 운동이 펼쳐지는 시대를 '넘어서야 하는 것'이라는 결론을 도출했습니다. 시민운동은 그 사회에 안주하기보다, 더 나은 사회가 무엇일까, 더 나은 사회에 도달하기 위해서는 어떤 노력이 필요할까 등에 관하여 성찰하여야 합니다. 그러므로 시민운동은 미래지향적이어야 하며, 한 시대를 미래로 운반하는 것이 되어야 합니다. 항상 생각합니다. 나는 범사련을 이끌며 그러한 시민운동을 하고 있는가, 부족한 점은 없는가, 잘된 점, 더 밀고 나가야 할 점은 무엇인가 등 시민운동을 성공적으로 수행하기 위해서는 끊임없는 성찰이 필요합니다.

예컨대, 인공지능의 발전이 자유민주주의의 발전과 어떻게 조응될 수 있는지, SNS 소셜미디어가 개인의 인권과 어떻게 관계하고 있으며 시민 의식의 발전에 어떤 역할을 할 수 있는지에 대해 성찰하고 고민하는 것입니다. 물론 범사련을 함께 이끄는 대표들과 함께 숙고하려고 노력합니다.

사회통합을 위하여 어떤 활동을 펼치고 있는가요

범사련을 비롯한 다른 여러 시민단체 그리고 정치권의 여야 제 정

당과 함께 남북통일 문제에 집중하고 있습니다. 그리고 남북통일 문제와 더불어, 우선 남한부터 통일, 즉 남남갈등 해소를 통한 사회통합을 이루는 것에 초점을 맞추고 있습니다. 다양한 정치적 성향을 보인 사람들이 한데 모여 이야기를 나누고, 그 이야기가 정계로 수렴되도록 노력하고 있습니다.

이른바 공론장을 통해 사회갈등을 해소하자는 노력의 일환인데, 이미 미국은 물론이고 유럽도 오래전부터 공론장을 활용하여 숙의를 통해 사회갈등을 치유하기 위해 노력하고 있습니다. 미국의 경우, 대통령이 되면 누구든 첫 행보가 '국립헌법센터'를 방문하여 헌법적 가치 아래 나라를 치유하고 통합해 나가겠다고 의지를 밝히고 다짐하는 것인데, 우리도 배웠으면 좋겠습니다. 미국의 국립헌법센터에서 시민대화라는 공론장 모델을 활용하여 사회통합을 모색하고 있는 일은 유명한 사례입니다.

시민운동에 뛰어들게 된 계기를 알려주세요

여러 해 전, 나이가 60대에 접어들면서 많은 생각이 들었습니다. 100세 시대를 얘기하는 요즈음엔 다른 느낌이지만, 옛날로 치면 환갑이라 인생을 돌아보는 계기를 갖게 되었습니다. 60세 이전까지 나의 대표적인 명함은 기업가였습니다. 시민운동에 기여하기도 했지만 메인은 기업가의 삶이었습니다. 고용을 창출하고 국가 경제 발전에 이바지해 왔다는 자부심은 어느 것과도 견줄 수 없었습니다. 하지만 기업활동에서 얻는 성취감과 시민운동을 통해 찾게 되는 보람은 차원이 다른 것이었습니다.

공익을 앞세우며 건강한 사회 발전을 촉진하는 시민운동이 나의 마음을 사로잡았습니다. 나라와 사회에 봉사하는 인생 2모작의 길을 생각하며 가슴이 뜨거워졌습니다. 자기희생과 고통을 감내해야 하는 길이라는 사실도 분명했지만, 마음은 이미 시민운동 한복판을 향해 달려가고 있었습니다.

정치적 논리를 피하고 시민운동이 순수하게 시민들의 목소리를 대표하는 방법에 대해 어떤 제안이 있을까요

우선, 시민운동이 정치계에 뛰어들려는 사람들의 발판으로써 활용되고 있다는 사실을 짚어야 합니다. 시민이 아니라 정치권의 눈치를 보며 시민운동을 한 것으로 오해받지 않겠나 싶습니다. 시민운동은 그래서는 안 됩니다. 시민운동에 어떤 정치적 논리, 진영 논리가 반영되면 안 됩니다.

다양한 의견을 포용하고 이해하려는 노력을 기반으로 하고 있다고 말씀하셨는데, 이를 위해 어떤 노력이 이루어지고 있나요

범사련은 시민단체들이 모여서 만든 연합입니다. 다루는 이슈의 범위도 넓습니다. 교육, 환경, 남북통일 등 범사련에는 12개 분야의 시민단체가 모여있습니다. 규모도 다양하고 여러 관점을 지닌 사람들이 다채롭게 모여있습니다.

각양각색의 꽃들이 아름다운 조화와 질서를 이루고 있는 모습처럼 범사련 내에서는 다양한 의견이 어우러지며, 서로를 포용하고 이해하려는 노력이 활발히 이루어집니다. 물론 기준은 있습니다. 범사련을 떠받치고 있는 네 개의 기둥은 자유민주주의, 법치주의, 시장경제, 공동체주의가 그것입니다. 매월 단체의 대표자들이 모여 숙의 토론을 거쳐 범사련의 활동계획과 방향을 정합니다.

범사련의 대표적인 사업 중에는 신년회와 송년회가 있습니다. 행사가 있을 때마다 각계의 인사들이 모여 한 해에 대한 회포, 그리고 기대에 대한 담소를 나눕니다. 여기서 범사련의 저력이 나타납니다. 일반 회원에서부터 국회의원까지 모두가 하나가 되어 참여하는 모습 속에 건강한 시민운동의 활기를 느낄 수 있습니다. 더 많은 시민단체와 시민들의 관심을 촘촘하게 이어가고자 합니다. 그 안에 우리 사회의 미래가 있다고 우리는 믿습니다.

이갑산 회장님께서는 10년이 넘게 범사련을 운영했습니다. 범사련을 이끄는 과정에서 느낀 시민운동의 가치와 의미에 대해 알려주세요

시민유권자운동을 언급하고 싶습니다. 그 운동이 우리 사회의 모습을 가장 효과적으로 바꾸었습니다. 군사독재 시대가 끝났을 당시에는 공정 선거에 대한 시민 의식이 부족했습니다. 나는 여기에서 문제의식을 느꼈습니다. 그래서 시민유권자운동을 기획하고 실행에 옮겼습니다. 우선 선관위를 감시하는 운동을 펼쳤습니다. 선관위가 제대로, 투명하게 운영되어야 공정 선거의 토대가 마련될 수 있다고 생각했습니다. 운동은 성공적이었습니다. 이외에도 많은 종류의 시민유권자운동을 펼쳤습니다. 그것이 우리나라 선거 풍경을 극적으로 바꾸어 놓았습니다. 민주주의는 선거의 공정성이라는 토대 위에 자라나 꽃을 피우는 것입니다.

국제정세에서 평화통일을 위해 어떤 역할을 시민운동이 수행할 수 있을지 궁금합니다

걸맞은 시민 의식이 필요한데, 무엇보다 '대화'의 중요성을 얘기하지 않을 수 없습니다. 타인의 의견을 듣고, 내 의견을 전달할 수 있어야 합니다. 경청하는 능력이 매우 중요합니다. 일방적으로 내 의견만 전해서야 갈등만 생길 뿐입니다. 전 세계적으로 사회적 대화의 중요성을 강조하는 것이 바로 이 때문입니다. 숙의토론이 그래서 필요한 것입니다. 요즈음 티비를 통해 국회의 모습을 크면 아찔합니다. 아이들이 볼까 두렵습니다. 훈련이 안돼서 그렇습니다. 국회의원 배지 달았다고 다 잘하는 것은 아니지 않습니까? 해외 선진국처럼 우리 정치권도 다 내려놓고 시민들과 함께 대화를 어떻게 하고 토론을 어떻게 하는지 배웠으면 좋겠습니다. 삿대질 하며 선동의 장으로 국회를 어지럽히는 모습을 보고 있노라면 수명이 단축되는 것 같습니다. 우리 사회가 평화통일을 달성해 나가기 위해서는, 관용적 사회 분위기를 만들어 가는 것이 중요합니다. 이를 토대로 국론을 하나로 이끌어 가면서 국방의 초석을 다지고 당당하게 한반도를 둘러싼 열강들과 겨뤄 나갈 때 통일은 가까워진다고 생각합니다.

(사)경기정보산업협회
양재수 협회장

Yang, Jae Soo

> "ESG 경영은 기업의 지속 가능성을 평가하는 중요한 지표 중 하나입니다. 이를 실천하기 위해서는 정부의 적극적인 참여가 필요합니다. 저는 오랫동안 통신 사무관으로 공무원 생활과 단국대학교 교수, (사)경기정보산업협회 협회장 등 경험을 바탕으로 체계적이고 건설적인 사회 공헌을 이룰 수 있었습니다. 앞으로는 이러한 노하우를 활용하여 국가의 성장에 기여하고 싶습니다. 정부와 기업이 함께 협력하여 ESG 경영을 실천하고, 지속 가능한 사회를 구현하는 데 기여하고 싶습니다."

ESG경영,
국가 성장과 기업 협력의 핵심 가치
(사)경기정보산업협회

경기정보산업협회는 대학 협력을 통해 정부 R&D 과제와 기술 용역 개발에 참여하여 지속 가능한 성장 환경을 조성하고 있습니다. 경기정보산업협회 양재수 협회장은 협회의 행보에 ESG 가치를 더하기 위하여 노력하고 있습니다. 기업 단위에서 실천되는 ESG를 넘어, 민간, 나아가 국가적인 차원에서의 ESG를 구현하는 것이 양재수 협회장의 최종 목표입니다. 이를 위해 여러 산업체, 대학 등과 협업하고 있으며, 양재수 협회장은 이러한 노력이 목표 달성에 크게 이바지할 수 있도록 총력을 기울일 것이라고 다짐했습니다.

경기정보산업협회의 ESG 경영철학을 알려주세요

ESG 가치가 실질적으로 잘 실천되고 있는지를 파악하기 위해서는, 여러 체계적인 지표 등의 측정 도구가 필요합니다. 그리고 이러한 지표가 꼭 포함해야 하는 부분은, 성장 가능한 구조가 조성되었는지 입니다. 저희는 ESG가 범국가적인 가치로 자리 잡게 하려고 노력하고 있습니다. 이를 위해서는 우선 ESG 관련 데이터 플랫폼이 통합적이어야 하기 때문에, 이에 먼저 주목하고 있는 상황입니다. 통합적 데이터 플랫폼은 ESG 가치가 산업군별로 생태계가 형성되도록 하기 때문입니다.

하지만 현재 AI가 발전하면서 여러 질 나쁜 정보들이 생산되기 일쑤이고, 이는 국가 경영을 위협하기 때문에, 이를 법적으로 잘 다루는 것이 중요하다고 생각합니다.

ESG에 대한 실천은 어떠해야 한다고 생각하십니까

한 국가의 공공기관이나 기업만 ESG를 실천한다고 하여 만사형통이 아닙니다. 1인 기업에서부터 규모가 큰 기업까지 한마음 한뜻으로 ESG 실천에 나서야 합니다. 그리고 대외적인 ESG에 관해서도, 조직 관리와 같은 내부적인 문제에 관해서도 ESG에 대한 올바른 인식적인 바탕이 필요합니다. 여기서부터 유기적인 ESG 연대가 창출될 수 있기 때문입니다. 제가 하나의 예시로 제시하고 싶은 것은, 기업들끼리 연대하여 ESG 경영 선언

을 하는 일입니다. 이로써 ESG에 대한 인식이 더욱 깊고 넓어질 수 있을 것으로 생각합니다.

대학의 교수들과의 협업을 통해 어떻게 정부 R&D 과제 및 기술 용역 개발에 참여하고 있나요. 이를 통해 기업들이 어떤 이점을 얻을 수 있는지 설명해 주세요

기업이 산업군을 이끄는 데 있어 중추적인 역할을 할 수 있도록 물심양면 돕고 있습니다. 일례로, 제품 생산에는 탁월하지만, 홍보나 마케팅 분야에서는 미진한 기업이 자주 눈에 띕니다. 저희는 이들이 더욱 활발하게 사업을 진행할 수 있도록, 홍보와 마케팅과 관련한 여러 기회를 제공합니다. 이외에도, 유수한 대학의 교수들과 협업하여 정부 R&D 과제, 기술 용역 개발 등에 참여하고, 합동 세미나를 개최하기도 합니다. 이러한 활동 내역은 모두 저희 홈페이지에 게시되어 있습니다. 앞으로 협회 운영을 더욱 활발히 하여, 더 많은 기업을 협회에 참여하도록 하는 것, 이로써 더 빠르고 단단한 성장을 이루는 것이 우리의 미래 비전입니다.

R&D 과제에 참여하거나 비즈니스 분야를 개척할 수 있도록

제공되는 경영 관련 자원에는 어떤 것들이 포함되어 있으며, 기업들이 이를 어떻게 활용하고 있는지 알려주세요

우리 협회에는 좋은 기업, 기업가 정신이 투철한 기업이 많습니다. 우리는 이들에 대하여 각종 유익한 세미나, 토론의 장 등을 마련하여 지원을 제공하고 있습니다. 이외에도, R&D 과제에 참여할 수 있도록 하거나 비즈니스 분야를 개척할 수 있도록 다방면에서 경영 관련 자원을 마련합니다. 이를 더욱 효율적으로 하기 위하여, 입찰 공고나 R&D 관련 정보를 활발히 업데이트하고 있습니다. 그리고 기업들이 연합 협회와 같이 일할 수 있도록, 연결망으로서의 역할을 우리 협회가 하고 있기도 합니다. 이렇듯, 우리는 기업들이 더 넓은 세계에 발을 디딜 수 있도록 합니다.

협력 체계의 목표와 그것을 실현하기 위한 계획이 있다면요

협회 활동을 위해서는 비즈니스 세션을 마련하는 것이 필요합니다. 최근에는 성남산업진흥원과 함께 반도체 디스플레이 생태계에 관한 논의를 진행하였는데, 이러한 주제에 대한 플랫폼을 구축하여 산업 생태계를 유지하고 인력을 양성할 수 있을 것입니다. 또한, 지역에 상관없이 기업 간 협력을 촉진할 수 있는 초지역적 협력 체계를 구축하는 것도 중요합니다.

산학교류의 장은 어떤 가치를 제공하는지 알려주세요

1년에 한 번은 1박 2일로 콘도나 리조트에서 합동세미나 및 산학교류회를 실시합니다. 이 행사는 주로 1박 2일 동안 진행되며, 다양한 행사와 만찬을 통해 기업 간 교류의 장을 제공합니다. 또한, 산업협력사 포럼과 조찬회 등을 운영하고 있으며, 신년회를 통해 정치인들과의 교류의 장을 마련하기도 합니다. 이러한 행사는 참여자로부터 회비를 받아 운영되며, 다양한 시너지 효과를 창출하고 있습니다.

한국교육평가진흥원
성대근 대표

Seong, Dae Geun

> "안되면 되게 하라"는 어려움 속에서 만들어낸 제 좌우명입니다. 불완벽함을 받아들이면서도 높은 목표를 향해 끊임없이 도전하고 발전하는 교육자의 모습을 나타냅니다. "이해보다는 공감으로"는 각양각색의 경험과 배경을 가진 사람들 간의 소통에 집중한 좌우명입니다. 교육을 통해 모든 사람에게 평등하고 공평한 기회를 제공하며, 우수한 교육으로 미래 인재를 양성하고자 합니다. 미래의 인재들이 걸어가는 일을 가꾸는 일에 함께 동행해 주시면 좋겠습니다.

한국교육평가진흥원 성대근 대표가 대구 광역시 류규하 중구청장과 바이바이 플라스틱(Bye Bye Plastic) 챌린지 피켓을 들고 함께 기념사진 촬영을 하고 있다

교육계에 새로운 패러다임 제시
NCS를 기반으로 한 실질적 교육 제공
한국교육평가진흥원

한국교육평가진흥원은 교육 사업과 다양한 프로젝트를 통해 동반 상생하는 사회를 조성하는 것을 목표로 삼고 있습니다. ESG 경영을 사회·윤리적인 경영철학으로 채택해 왔습니다. ESG 경영에 있어서 교육과 평가의 중요성을 강조하며 균형 있는 관점에서 환경, 사회, 지배구조의 상호적 연관성을 강조합니다. 한국교육평가진흥원 성대근 대표는 환경 문제에 대한 인식을 높이기 위해 다양한 챌린지 활동과 환경 보전을 위한 프로젝트에 적극 참여하고 있습니다. 환경 문제는 우리 모두의 공헌이 필요한 과제라고 생각하며, 작은 행동도 큰 영향을 미칠 수 있다는 인식을 공유하고자 노력합니다.

한국교육평가진흥원의 ESG 경영철학을 알려주세요

한국교육평가진흥원은 교육 사업뿐만 아니라 진행 중인 다양한 프로젝트에서 동반 상생하는 사회를 조성하는 것을 목표로 하고 있습니다. ESG가 아직 공식적으로 인정되기 전부터 사회·윤리적인 경영철학을 갖추고 현재에 이르러서는 이를 더욱 선명히 하고자 노력해 왔습니다. ESG 경영은 사회적 문제에 대한 단순한 대응이 아니라 장기적이고 전략적인 시스템으로 여겨져야 합니다. 한국교육평가진흥원은 ESG 경영에 있어 선도적 역할을 하며, 대기업뿐만 아니라 중소기업과 자영업자 등에게도 ESG의 중요성을 홍보하고 지원하는데 주력하고 있습니다. 이를 통해 작은 선한 행동이 큰 영향으로 이어져 대한민국은 물론 세계가 ESG를 행동의 기반으로 삶는 미래를 만들기 위해 노력하고 있습니다.

한국교육평가진흥원 성대근 대표가 콜라보뉴스·ESG콜라보클럽 주최 제1회 ESG캠페인 '글로벌 성장동력 2023 ESG리더십 콘퍼런스·시상식'에서 국회의원 표창장을 전달받고 기념사진 촬영을 하고 있다.

ESG 평가 분야에서 가장 중요한 요소는 무엇이라고 생각하시나요

ESG 평가 분야에서 균형이 가장 중요하다고 생각합니다. 환경(E), 사회(S), 지배구조(G)는 서로 상호적인 연관성이 있으며, 이 중 하나라도 소홀해진다면 전체 시스템이 무너질 수밖에 없다고 판단됩니다. 그러나 여러 가지 중요한 측면 중에서도 특히 환경(E)이 강조되고 있습니다. 현재 전 세계적으로 환경 문제가 심각성을 더해가고 있으며, 미래를 위해 우리는 지속 가능한 환경을 유지하고 보전해야 합니다.

한국교육평가진흥원은 환경을 중요하게 생각하며 다양한 챌린지 활동을 통해 이를 널리 알리고자 노력하고 있습니다. '고고 챌린지', '바이바이 플라스틱 챌린지', '기후행동 1.5℃ 탄소중립 챌린지' 등의 환경과 관련된 도전적인 활동에 참여해 환경 보존에 기여하고 있습니다. ESG 이외에도 RE100, 탄소중립, 탄소 감축과 관련한 전략을 제시하고 이를 공감하기 위한 세미나와 박람회 등에 적극적으로 참여하고 있습니다. 환경 문제 해결은 모두가 자발적으로 참여해야 가능한 과제이며, 소소한 행동도 모두에게 큰 영향을 미칠 수 있다는 인식을 공유하고자 노력하고 있습니다.

'동반 상생'을 실현하기 위해 내부뿐만 아니라 외부 협력체계를 어떻게 구축하고 있는지 알 수 있을까요

한국교육평가진흥원은 설립 이후부터 계속해서 '인적자원 및 물적자원 확보'와 '동반 상생'을 비전으로 삼아왔습니다. 인적자원 확보를 위해 교육자로서 다양한 노력을 기울이고 있으며, 누구에게나 배울 기회를 제공하여 교육의 사각지대를 최소화하고자 노력하고 있습니다. 또한, 동반 상생을 실현하고자 내부뿐만 아니라 외부 협력 대학과 기업, 임직원, 그리고 미래 인재들이 함께 더불어 살아가는 사회를 조성하는데 힘쓰고 있습니다. 이를 통해 지역사회와 국가, 심지어는 세계적으로 선한 영향력을 전파하는게 최대 목표입니다.

자립준비청년을 위한 프로그램과 해외 프로젝트의 성과와 향후 계획은 어떻게 되고 있나요

자립준비청년을 위한 지원 체계 설정 및 제공, 해외에서는 한국형 기술 중점 대학 설립, 국제한국어대회 개최, 한국형 도서관 설립

한국교육평가진흥원 성대근 대표가 대구광역시 이태훈 달서구청장과 함께 '2050 탄소중립 프로젝트' 기후 행동 1.5℃ 탄소중립챌린지 실천행동 피켓을 들고 기념사진 촬영을 하고 있다

이 있습니다. 자립준비청년 지원 프로그램은 교육, 주거, 생활, 취업, 학업, 정서, 심리, 컨설팅 등 8가지 분야에서 자립할 수 있도록 체계적으로 지원하는 프로그램을 개발하고 있습니다. 해외에서는 미얀마에 한국형 기술 중점 대학을 설립하여 NCS 기반의 실무 교육을 제공하고 미얀마의 학생들이 한국에서의 취업을 꿈꿀 수 있도록 지원하고 있습니다. 또한, 국제한국어 대회를 통해 다양한 국가의 학생들의 한국어 능력을 평가하고 수상자들에게 한국 취업 지원을 제공하고 있으며, 한국형 도서관 설립으로 한국 문화와 역사에 대한 학습을 촉진하고 관련 인력의 취업 기회를 제공하고자 합니다.

한국교육평가진흥원 성대근 대표가 충청북도 윤건영 교육감과 함께 '1회용품 ZERO(0) 챌린지' 피켓을 들고 함께 기념사진 촬영을 하고 있다

교육 평가를 통해 교육 시스템을 향상시키고 더 나은 교육을 제공하고자 어떤 도전을 겪고 있으며, 이를 극복하고자 어떻게 노력하고 있나요

매일 사회적 이슈를 파악하고 해당 도전에 대응하기 위해 노력하고 있습니다. 기사화된 내용뿐만 아니라 직접적으로 어려움을 겪는 사람들의 의견을 청취하여 문제를 해결하는 방안을 모색하고 있습니다. 항상 공정성을 유지하면서도 각 개인의 특성과 다양성을 존중하는 중요성을 강조하며, 교육 평가를 통해 교육 시스템을 향상시키고 더 나은 교육을 제공하고자 끊임없는 도전을 하고 있습니다.

한국교육평가진흥원 성대근 대표가 대구광역시 조재구 남구청장과 함께 바이바이 플라스틱(Bye Bye Plastic) 챌린지 피켓을 들고 함께 기념사진 촬영을 하고 있다

NCS와 국가공인 자격증의 도입이 교육체계에 미치는 전반적인 영향은 어떤 측면에서 가장 큰 변화를 가져왔나요

NCS를 교육과정에 도입하여 현장 중심 및 실무 중심의 교육과정을 개발하고, 지역별로 승인을 받거나 높은 성과를 내어 모든 협력 기관에 확산시켜 많은 이들은 각 직무에서 필요한 지식, 기술, 태도를 배우며 취업, 전직, 이직에 대한 발판을 마련하는 기회를 얻었습니다. NCS를 국가공인 자격증에 도입한 것은 최초의 시도로, 이를 통해 삼성그룹 등 글로벌 기업 뿐만 아니라 전국의 기업, 기관 임직원들과 청소년, 청년, 대학생, 군 행정병들의 능력 평가 요소로 활발히 활용되고 있습니다.

교육과 실무 간 협업을 강화하고 발전시키기 위해 계획하고 있는 내용이 있을까요

교육체계의 발전을 위해 '실무 중점의 교육'과 '현장 중심의 교육'을 꾸준히 강조하고 있습니다. 이는 NCS가 적용된 교육과정을 통해 수료한 학습자들이 취업 시 더욱 쉽고 잘 적응할 수 있도록 도와주는 발판 역할을 합니다. 한국교육평가진흥원에서 개발하는 모든 교육 프로그램은 NCS를 기반으로 하며, 해당 직무에서 요구되는 내용을 담은 현장 중심의 교육으로 이루어져 실효성 있는 교육을 제공합니다.

이론 수업만 진행되는 경우 현장에서 활용하기 어려워지며, 실제 기술을 경험할 기회가 부족해 실무 현장에서 재교육이 필요한 비효율적인 상황이 발생할 수 있습니다. 따라서 사전에 실무 현장에서 활용되는 교육을 받은 인력들이 직접 투입되면 긍정적인 효과를 얻을 수 있습니다. 이러한 이유로 교육 현장과 기업체 간의 협업을 강조하며 교육과 실무 간의 괴리감을 해소하고자 노력하고 있습니다.

인구 감소와 외국인 정착 문제에 대한 대응으로 채택한 전략과 목표는 어떤 것인가요

다양한 사업을 통해 교육 기업을 선도해 왔습니다. 그러나 현재 가장 중점을 두고 있는 이슈는 '한국의 인구 감소와 외국인의 정착 고충'입니다. 인구 감소로 인한 문제로는 저출산, 노령화 및 고령화가 부각되어 있으며, 이로 인해 수도권 밀집, 취업 선호도 변화

등 다양한 문제가 청소년 및 청년층에서 발생하고 있습니다.

이러한 사회적 문제를 해결하기 위해 지방대학의 소멸 위기 방지와 교육의 불균형 해소를 목표로 삼고 있습니다. 각 지역의 협력 대학을 통해 국가의 정책 사업을 활용한 국비교육을 거점별로 제공하고, '대한민국 지방대학살리기운동본부'와 같은 기관을 구성하여 지역별 문제를 파악하고 해결하는 활동을 추진하고 있습니다. 또한, 외국인 근로자, 유학생, 결혼이민자 등을 위한 정책과 교육을 강화하여 외국인들의 국내 정착을 지원하고자 노력하고 있습니다.

성대근 대표님의 멘토가 궁금합니다

제 멘토는 교육 현장의 전문가분들과 함께해 주시는 모든 분들 그리고 가장 중요한 것은 나 자신입니다. 교육계에 첫발을 디딘 젊은 나이부터 다양한 교육 현장에서의 경험을 쌓아왔습니다. 현재의 교육 현장 전문가들은 각자의 역할을 수행하며 실천적인 도전과 미래 비전을 가지고 있습니다. 한국교육평가진흥원은 다양한 대학 및 기관과의 협력을 통해 시야를 확장하고 전문가들과의 협력을 강화하여 지속 가능한 교육 생태계를 구축하고자 노력하고 있습니다. 이에 따라 멘토로서 만난 모든 전문가로부터 얻은 경험, 지식, 기술, 노하우 등을 활용하여 지속적인 성장을 추구하고 있습니다.

신라대 ESG경영연구소
김성근 교수

Kim, Seong Keun

> "ESG경영에 대한 관심이 급격하게 증가하고 있으며, ESG는 세계적인 흐름 중 하나입니다. 시민이 직접 참여하고 실천하는 ESG경영의 활발한 활동은 기존의 사회 구조와 제도를 개선하고 변화시키기 위한 중요한 행동입니다. ESG를 제2의 새마을 운동으로 성공시켜 우리 다음 세대에게 살기 좋은 환경을 물려주기를 바랍니다. 공동체의 이해관계자들과 협력하며 갈등을 해결하기 위해 민간기업, 시민사회, 소비자, 중앙정부, 지방정부, 모든 국민들이 서로 협력적인 동반자로서 사회적 책임을 다해야 한다고 생각합니다."

ESG시민운동,
다양한 참여와 협력의 시대
신라대 ESG경영연구소

ESG경영에 대한 관심은 급증하고 있으며, 이는 세계적인 흐름입니다. 현재의 환경 문제와 사회적 어려움에 대한 대응책으로서 ESG는 우리의 행동이 필요한 중심이 됩니다. 신라대 ESG경영연구소 김성근 교수는 현대 청년들이 직면한 어려움에 대한 책임은 기성세대에게 있으며, 지구를 살릴 수 있는 마지막 기회로 ESG시민운동을 성공시켜야 한다고 말합니다. 이를 위해 공동체의 협력이 필요하며, 모든 국민이 서로 협력적인 동반자로서 사회적 책임을 다해야 한다고 강조합니다.

ESG인식을 높이기 위한 제언이 있을까요

ESG경영은 전국민이 참여하는 제2의 새마을운동으로 추진되어야 합니다. 지금도 ESG경영은 정부나 기업이 예산을 투입해야 하는 사업이며, 일부 분들은 개인 차원에서는 무관한 것으로 생각하는 경우가 많습니다.

부산시 정책연구용역을 수행하면서 ESG시민운동 교육의 중요성을 강조하게 되었습니다. 정부와 지자체에서는 시민들이 ESG의 중요성을 인지하고 실천할 수 있도록 교육을 받을 수 있는 기회를 마련해 주셨으면 합니다.

ESG시민운동에 참여하도록 독려하는 방법 중 효과적인 것은 무엇일까요

첫째, 예능, 드라마, 유튜브 등에서 출연자들이 종이컵과 1회용 플라스틱컵 사용 장면이 방송되지 않도록 해주셨으면 합니다. 둘째, 장례식장에서의 1회용품 사용은 심각한 수준에 이르고 있습니다. 일부 지자체에서는 '다회용기 지원사업'을 하고 있지만 6찬 식판 사용과 식기 세척기 설치를 권장합니다. 셋째, 재개발하면서 나무가 희생되지 않도록 각 지역에서 나무고아원을 운영했으면 합니다. 넷째, 기업들이 "ESG시민운동 적극 동참합니다"라는 릴레이 동참선언을 하고 적극적으로 참여해 주셨으면 합니다.

신라대 ESG경영연구소가 어떠한 활동을 펼치는지 궁금합니다

신라대 ESG경영연구소는 2022년 12월에 ESG(환경, 사회, 지

배구조) 실천방안을 국내 최초로 가정, 소상공인(제조업, 서비스업, 요식업), 교육기관을 대상으로 작성하여 이를 등록하였습니다. 2023년 5월에는 '부산광역시 ESG시민운동의 필요성과 확산방안' 정책연구용역을 맡아 수행하고 10월 30일에 최종 발표를 마쳤습니다.

그해 6월에는 ESG시민운동 전문강사 자격증(통상자원부 2023-003202)을 신설하고 2차례의 전문강사 교육을 통해 76명의 전문강사를 양성하며 ESG시민운동 전문강사 협회를 창립하였습니다. 5월에는 부울경 대학생 150명을 대상으로 'ESG실천과 사회문제 해결'이라는 주제로 특강을 진행했습니다. 7월에는 대학생 40명을 대상으로 부울경 대학생 아카데미를 개최하여 ESG경영 특강과 모의면접 등을 진행하고 수료증을 수여했습니다.

ESG시민운동 양성과정에서 다루는 내용과 교육 프로그램을 알려주세요

ESG시민운동 양성과정은 ESG시민운동 전문강사로서 반드시 알아야 할 기본지식 습득을 목표로 합니다. 탄소중립과 기후위기, ESG경영 국내외 사례, ESG시민운동 정책연구용역 주요내용, ESG경영 주요동향, 중대재해처벌법 이해, 중소기업 ESG경영 대비전략, 중소기업 ESG경영 사례, 재활용 분리배출 A to Z, ESG경영 Q&A, 강의기법 등으로 총 16시간으로 구성되어 있습니다.

진행한 연구 중에서 주목할 만한 성과가 있다면요

2023년 6월에는 부산시로부터 '부산광역시 ESG시민운동의 필

요성과 확산방안' 주제의 정책연구용역을 맡아 그해 10월 30일에 최종 발표를 진행했습니다. 부산시민 445명을 대상으로 한 설문조사 결과, 기업의 ESG경영 실천에 대한 시민들의 영향을 묻는 질문에 91%가 긍정적으로 응답했습니다.

ESG시민운동 참여의지에 관한 질문에서는 참여하고 싶다는 응답이 45%로 나타났으며, 방법을 잘 모르는 응답자가 44%였습니다. 현재 ESG시민운동 전문강사를 양성하고 ESG시민운동 전문강사 협회를 설립했으며, 앞으로 더 많은 분들을 대상으로 교육을 실시할 예정입니다.

ESG실천방안(가정, 소상공인, 교육기관)을 작성했습니다

2022년 4학년 재학생들과 함께 ESG경영 수업을 통해 ESG실천방안을 가정, 소상공인(제조업, 서비스업, 요식업), 교육기관을 대상으로 작성하여 이를 등록(C-2023-006612호)하였습니다. ESG실천방안은 신라대 기업경영학과 홈페이지에 공개되어 있습니다. 이 방안은 누구나 출처를 표기하고 상황에 맞게 수정하여 사용할 수 있지만, 지방자치단체, 공공기관, 협회, 기업체 등에서 활용하려면 신라대학교와의 업무협약이 필요하거나 산학협력단 담당자를 통해 사전 승인을 받아야 합니다.

ESG시민운동을 전개하게 된 배경을 알려주세요

ESG경영은 민족적 규모의 새마을운동으로 여겨져야 한다고 판단합니다. ESG(Environmental, Social, Governance)는 가정부터 실천되어야 하는데, 한국은 세계에서 플라스틱 사용량이 가장 많고 태평양 쓰레기섬의 10%는 한반도에서 생산된 제품에서 나온 것입니다.

연간 음식물쓰레기 540만톤 중 61%는 가정에서 발생하고 있으며, 마시는 생수에서도 미세플라스틱이 검출되고 있습니다. 플라스틱이 분해되는 데는 500년이 걸리지만, 그러면서도 흙으로 변하는 것이 아니라 미세플라스틱으로 남아 환경을 오염시키고 있습니다. 봉사활동 역시 가정과 무관하지 않으며, 원칙과 상식이 통하는 사회는 가정에서부터 출발해야 합니다.

ESG시민운동이 지구를 보호하는 데 어떤 역할을 할 수 있을까요

기성세대는 경제성장기에 사회에 첫발을 내딛고, 직장을 수월하게 얻을 수 있었습니다. 내 집 마련도 어렵지 않았습니다. 그러나 현재 청년들은 취업, 결혼, 내 집 마련 등 어느 하나가 쉽지 않은 상황입니다. 이러한 상황에서도 우리 세대는 지구를 만신창이로 만들어 놓았습니다.

기성세대의 책임이 크다고 생각합니다. 지구가 더 망가지면 사람이 살 수도 없고 사업도 할 수 없습니다. 이 땅은 선조들이 우리에게 물려준 것이 아니라 후손들에게 빌려쓰는 것입니다. ESG시민운동은 지구를 살릴 수 있는 마지막 기회입니다.

정책학자·국민의힘 4차산업혁명 특별위원장
한대규 교수

Han, Dae Kyu

> "투자의사 결정 시 '사회적 책임투자(SRI)' 혹은 '지속가능 투자'의 관점에서 기업의 재무적 요소들과 함께 고려합니다. 사회적 책임투자란 사회적, 윤리적 가치를 반영하는 기업에 투자하는 방식입니다. 기업의 재무적 성과만을 판단하던 전통적인 방식과는 달리, 장기적 관점에서 기업가치와 지속 가능성에 영향을 주는 ESG 등의 비재무적 요소를 충분히 반영해 평가하기 때문에 21C 기업 경영에 ESG 경영철학은 선택이 아닌 필수 요소라 할 수 있습니다."

사회적 포용성과
다양성 향상을 위한 변화와 노력
정책학자 한대규 교수

ESG(환경, 사회, 지배구조)는 개별기업을 넘어 자본시장과 한 국가의 성패를 가를 키워드로 부상하고 있습니다. 한대규 교수는 이러한 ESG 철학을 바탕으로 기업의 사회적 책임과 지속 가능한 발전에 관해 연구하고 있으며, 정책학자로서 미래 비전을 제시하고, 교육 전문가로서 4차산업혁명에 대한 강의를 진행합니다. 한대규 교수는 한국의 CF100 상황을 고려할 때, 정부 차원에서 세제 혜택 등 재정적 인센티브 제공, CF100 관련 인프라 구축, 무탄소 에너지 전용 PPA, 인증서 등 CF100 이행을 위한 제도 마련 등이 필요하다고 제안했으며, 다양성에 대한 존중이 아니라, 통합 속의 다양성이 건강한 사회의 목표가 되어야 한다고 강조합니다.

한대규 교수님의 ESG철학을 알려주세요

ESG는 기업 활동에 친환경, 사회적 책임경영, 지배구조개선 등 투명경영을 고려해야 지속 가능한 발전을 할 수 있다는 철학을 담고 있습니다. 따라서 ESG는 개별기업을 넘어 자본시장과 한 국가의 성패를 가를 키워드로 부상하고 있습니다.

과거에는 기업을 평가하면서 '얼마를 투자해서 얼마를 벌었는가?' 중심으로 '재무적' 정량 지표가 기준이었습니다.

그러나 기후변화 등 최근 기업이 사회에 미치는 영향력이 증가하여 '비재무적'인 지표가 기업의 실질적인 가치 평가에 있어서 더 중요할 수 있다는 인식이 보편화되고 있습니다.

기업의 사회적 책임에 대한 담론이 형성되며, 투자자와 소비자들도 기업을 평가하면서 재무적 가치가 아닌 비재무적 가치를 중요시하고 있습니다.

앞으로 정책학자로서 어떤 분야에서 활동하고 싶으신가요? 향후 정책 연구의 방향이나 목표에 대해서 말씀해 주세요

정책은 미래 비전을 전제로 하기에 함께 녹여서 풀고자 합니다. 석사 과정을 정책학(Policy Making)을 전공한바, 이 분야 나름대로 전문성을 가지고 있습니다. 정책(Policy)의 사전적 의미는 정부, 단체, 개인의 앞으로 나아갈 노선이나 취해야 할 방침이라 할 수 있습니다. 그러나 여기서는 정부가 수립하는 공공정책이라는 측면에서 정의해 본다면 '정책이란 정부 또는 공공기관이 공적 목표, 즉 공익을 달성하기 위하여 마련한 장기적인 행동지침'이라고 할 수 있습니다.

즉 국가의 정책을 국책이라고 하는데, 오늘날에는 정당을 비롯하여 노동조합이나 경영자단체 및 개인의 정책이라도 그 내용과 성질이 공공적이라면 정책이라고 하며, 미국에서는 이것을 공공 정책(Public Policy)이라고 부르고 있습니다. 국가가 추진하는 경우 외교정책, 복지정책, 농업 정책, 사회정책, 노동정책, 교육 정책 등이 그 예입니다.

정부나 정당이 특히 집권여당이 정책을 추진하는데 도그마에 빠지기 쉬운데, 지지율이나 차기선거를 의식해서 포퓰리즘정책(인기영합주의)을 하지 않을 수 없는 것이 현실입니다. 선진국으로 가려면 어차피 복지 정책국가로 가야 합니다. 이것은 자본

주의 국가나 사회주의 국가나 지향하는 궁극적인 정책 목표는 같다고 봅니다. 즉 자본주의에서는 파이가 커지는 단계별로 선택하여 확대해 나가는 것이고, 사회주의는 일거에 추진하자는 것입니다. 현재는 인류가 만든 제도 중에 완벽하지는 않지만, 자본주의 방식에서의 복지 정책제도가 사회주의 제도 방식보다는 낫다고 판단되어 여러 국가에서 적용하고 있습니다.

문제는 복지포퓰리즘 정책입니다. 매번 반복되지만 총선을 앞둔 양정당이 하겠다는 복지정책을 모두 다 일거에 시행하려면 세금만 엄청나게 많이 오르고 그 혜택은 N분의 1이 되어 거의 피부로 느끼지 못할 정도일 텐데 국민은 지출만 늘어납니다. 결론적으로 국가 정책은 백년대계 미래 비전을 내다보고 장기적으로 입안하여 정부 예산이나 국민 의견 수립 등 철저히 여과 과정을 거쳐서 집행하는 것이 바람직하다는 것이 소신입니다.

30년 동안 교육전문가로 활동하면서 리더십 교육과정을 주로 담당해왔는지에 대한 경험을 듣고 싶습니다. 4차산업혁명 시대에

일자리 창출에 대한 견해와 그에 따른 대응책에 대해 알고 싶습니다

거의 30년 동안 교육전문가, 더 구체적으로 강의전문가로 활동해 왔습니다. 국내 굴지의 공기업 교육연수원에서 주로 리더십 교육과정을 담당하였습니다. 외부에는 소위 성공학과 대인관계학 특강을 주로 하였습니다. 지금까지 강의실적은 약 3만 시간에 도달하였고, 강의 내용은 250편 칼럼으로 녹여 담아 신문, 저널, 사보 등 다양한 매체에 게재하였습니다. 4차산업에 관심을 가지게 된 배경은 2016년 스위스 다보스에서 열린 세계경제포럼에서 의장인 클라우스 슈바퍼가 처음으로 4차산업혁명을 주창하고, 그 이듬해 그가 한국을 방문하여 예술의 전당에서 처음 만났습니다. 이 기회를 놓칠세라 부랴부랴 특강을 듣고, 질문도 하였습니다. 이때부터 그의 저서 '4차산업혁명'에 푹 빠져 본격적으로 공부를 하게 되었습니다. 각종 4차산업 세미나가 전국을 휩쓸

었고, 많은 전문가를 만났고, 원천기술을 찾아다녔습니다.
지금까지 관련 저서만 해도 수백 권을 족히 독파하였습니다. 현재는 4차산업 분야별 전문가 100여 명과 노벨상감인 독보적인 원천기술 50여 가지를 컨설팅하고 있으며 또한, 융복합시너지를 내기 위해 서로의 기술을 초연결해 주는 일을 하고 있습니다. 지난 대선 후보 경선이 막바지 쯤인 2022년 초에 어떻게 소문이 났는지 모르지만, 모 대통령 선거 캠프에서 연락이 와 4차산업혁명 특별위원장 임명장을 받게 되었고 지금까지 이 일을 하는 셈입니다. 4차산업혁명의 핵심은 빅데이터 분석, 인공지능, 로봇공학, 사물 인터넷, 무인 운송수단(무인 항공기, 무인 자동차), 3차원 인쇄, 나노 기술과 같은 7대 분야에서 새로운 기술혁신이다. 문제는 4차산업 기술이 산업과 사회 모든 영역에 적용되고 보편화되면 인간의 일자리가 사라진다는 인식입니다. 여기에는 숨은 함정이 있습니다. 수많은 단순 일자리는 사라지지만 창의적이고 혁신적인 새로운 일자리들을 끊임없이 창출할 수가 있습니다. 특히 홍익인간 정신이 있는 우리나라는 4차산업혁명 시대에는 IT 강점을 활용하여 글로벌 원격 일자리 창출은 다른 선진국 국가를 제치고 선두로 나설 수 있는 것이 유리한 입장입니다. 최근 일천만 명 순수시민대통합 발대식에서도 밝혔지만, 이 분야의 많은 아이디어를 가지고 있고, 이제는 특정 정당이 아닌 대한민국 4차산업혁명 특별위원장으로 봉사하고 싶습니다. 원대한 목표는 지금까지 규합한 수많은 4차산업분야 천재들과 그들이 가진 원천기술을 상용화하여 빠르면 2030년에 우리나라를 세계 2위 강대국인 G2 반열까지 끌어올린다는 계획입니다.

현재의 한국의 CF100 관련 상황을 고려할 때, 미래에는 어떤 방향으로 CF100이 발전하고 발전해야 한다고 생각하시나요

CF100은 탄소 중립으로 기업이 24시간 일주일 내내 전력의 100%를 풍력, 태양력, 원자력 발전 등의 무탄소 에너지원으로 공급받아 사용하는 것을 말합니다. RE100이 사용 전력의 100%를 재생 에너지로 충당하는 데 비해 CF100은 재생에너지 뿐만 아니라 탄소를 발생시키지 않는 원자력 발전, 연료전지 등을 통한 전력도 포함됩니다. CF100을 실천하는 대표적인 기업으로는 구글이 있는데 구글은 2017년부터 RE100을 달성한 후 2018년부터 미국 일리노이주 데이타센터에서 재생에너지 발전소 대상 전력 거래계약을 체결하고 CF100을 이행하고 있습니다. 반면 한 리서치 결과에 의하면 우리나라는 국내 매출 상위 500대 기업의 31%가 CF100의 정확한 개념과 구체적인 내용에 대해 잘 알고 있다고 응답한 반면 약 69%는 전혀 모르고 있는 상황입니다. 그 이유는 아직 구체적인 기준이나 이행 방안이 마련되지 않아 불확실성이 크고, 전담 수행 인력 부족과 추가 비용 부담, 24시간/ 일주일 단위의 실시간 조달 기준이 국내 여건상 비현실적이기 때문입니다. 결국 CF100에 참여하려는 개인이나 기업을 위해 정부 차원에서 세제 혜택 등 재정적 인센티브 제공, 실시간 모니터링을 위한 계측 설비 등 CF100 관련 인프라 구축, 무탄소에너지 전용PPA, 인증서 등 CF100 이행을 위한 제도 마련 등이 요구된다 하겠습니다.

다양성을 향상하기 위해, 필요한 개인적이고 조직적인 변화에 대해 어떻게 생각하시는지 알려주세요

일반적으로 "좋은 사회"를 이루기 위해 골고루 발달해야 하는 네 가지 영역은 사회 경제적 안정성, 사회적 응집성(sccial cohesion), 사회적 포용성 그리고 사회적 역능성을 들 수 있습니다. 특히 사회적 포용성은 모든 사회구성원이 공정하고 평등한 기회를 가지며 함께 성장하는 것을 의미합니다. 그러나 현실에서는 저소득층이 사회적으로 배제되고 경제적으로 어려움을 겪는 경우가 많습니다. 이를 해결하기 위해 사회 서비스의 역할은 매우 중요합니다. 즉 저소득층에게 필요한 지원과 도움을 제공하는 역할을 의미합니다. 예를 들어, 선진국에서는 저소득층 가구에 주거 지원 프로그램을 제공하거나 교육, 보건, 일자리 등 다양한 분야에서 지원하고 있습니다. 이러한 사회 서비스는 사회적 포용성을 실현하는 데 도움을 줍니다. 다시 말해 저소득층의 사회적 포용성은 공정한 기회를 제공하는 것으로 시작되고, 사회 전체의 번영과 지속 가능한 발전을 위한 필수적인 조건입니다. 한편 다양성에 대한 관점은 이렇습니다. 다양성에 대한 맹목적인 존중이 아니라, 통합 속의 다양성이 건강한 사회의 목표가 되어야 합니다. 이 목표를 달성하고 전례 없이 양극화된 사회를 장악한 계층과 그렇지 못한 계층의 외로움을 줄이려면, 서로 다르게 보이는 사람들과 더 많이 상호작용을 하는 것이 사회적 위험을 감수하는 지름길입니다. 우리는 다른 인종, 소득 수준, 성별, 장애, 성적 편향성 등을 가진 사람들에게 접근하고, 그들의 눈을 통해 세상을 이해하고 노력해야 합니다. 결국 우리는 다양성에 적극적으로 참여해야 합니다.

최근에 뤼슈렌 전 대만 부총통이 한국을 방문하여 프레스센터에서 기자 회견을 진행한 사례가 있었습니다. 그 당시 어떤 내용이 이야기되었는지 궁금합니다

'대만은 왜 중국에 맞서는가'라는 뤼슈렌 부총통의 책을 주제로 한 기자회견에서, 다음과 같은 주장을 펼쳤습니다. "EU 경제 통합벨트와 같은 아시아에서의 한국, 대만, 필리핀의 황금 삼각연맹(KTP Golden Triangle Win-Win Union)을 형성하여, 삼국 간의 선린 우호관계와 공동 번영을 추구하며, 치열한 국제 경제 상황에 대처할 수 있는 실질적인 교류와 투자 협력을 통해 고용 창출, 세수 증대, 문화 교류, 그리고 인적 교류에 기여하는 것이 바람직하지 않을까"하는 것이었습니다.

이에 대한 뤼슈렌 부총통의 답변은 다음과 같습니다. "필리핀은 대만과 지리적으로 매우 가까우며, 한국의 근대화와 한강의 기적과 같은 발전 모델을 벤치마킹하여 북부 세자지구(CEZA)

와 마닐라와 가까운 바탄(Batan) 지역을 경제자유구역으로 선포했습니다. 또한, PNB그룹(회장 장미경) 등 한국 기업들이 이 두 지역에 매우 활발하게 진출하고 있다고 알고 있습니다. 또한, 1억 2,000만 인구와 그 증가 속도는 가파르며, 특히 젊은 층 인구가 매우 두터운 형태로 구성되어 있어 노동력과 저렴한 인건비 등 다양한 기회가 풍부한 국가입니다. 특히 한국의 IT 중심의 첨단 4차 산업기술을 대만과 필리핀을 포함한 삼각 벨트로 형성한다면 큰 시너지가 발생할 것으로 생각됩니다. 귀국하면 대만 정부와 경제 단체를 중심으로 적극적으로 추진하겠습니다"라고 밝힌바 있습니다.

ESG 용어정리

ESG 채권 환경(Environmental), 사회(Social), 지배구조(Governance) 개선 등 사회적 책임투자를 목적으로 발행되는 채권이다.

녹색채권(Green Bond) 친환경 사업에 투자할 자금을 마련하기 위해 발행하는 채권이다. 탄소 감축, 신재생 에너지, 전기차 및 수소차 등 환경의 지속 가능성에 기여하는 활동을 위해 자금을 조달한다. 녹색채권은 일반적인 채권과 마찬가지로 발행 기업이 채권 발행을 통해 자금을 조달하고, 채권 투자자는 발행 기업에 자금을 빌려주고 이자를 받는다.

지속가능채권(Sustainability Bond) 녹색채권과 사회적 채권을 결합한 형태로, 친환경 사업과 사회적 가치 창출 사업에 모두 투자하는 채권이다.

UN SDGs 유엔 지속가능발전목표를 뜻한다. 인류의 보편적 문제(빈곤, 질병, 교육, 성평등, 난민, 분쟁 등)와 지구 환경문제(기후변화, 에너지, 환경오염, 물, 생물다양성 등), 경제 사회문제 (기술, 주거, 노사, 고용, 생산 소비, 사회구조, 법, 대내외 경제)를 2030년까지 17가지 주 목표와 169개 세부 목표로 해결하고자 이행하는 국제사회 계획이다.

탄소중립(Carbon Neutrality) 온실가스 배출량을 최대한 줄이고 일정한 시간 동안 발생하는 탄소 배출량을 저로로 줄이는 상태를 말한다.

넷제로 탄소 배출이 '0'이 되는 것을 뜻한다. '넷'은 탄소 배출을 의미하고 '제로'는 그것이 사라지거나 제거되었음을 의미합니다. 배출원이 배출한 만큼을 흡수원이 다시 흡수하도록해서 실질적 온실가스 배출량을 0으로 만든다.

탄소 네거티브 넷제로에서 한 발 더 나가 이 산화탄소를 배출량 이상으로 흡수해 실질적 배출량을 마이너스로 만들겠다는 개념이다.

탄소 오프셋 발생한 탄소 배출을 완전히 없앨 수 없는 경우, 탄소 오프셋 활동을 통해 발생한 탄소 배출량을 보상한다. 이는 식물을 심거나 숲을 보존하는 등의 방법을 통해 탄소를 흡수하거나 제로화하는 것을 의미한다.

CSR(Corporate Social Responsibility) 기업의 사회적 책임을 뜻한다. 기업이 사회의 일원으로서 경제적 책임이나 법적 책임 외에도 폭넓은 사회적 책임을 적극 수행해야 한다는 것을 말한다.

GRI(Global Reporting Initiative) 기업과 기관이 지속 가능성에 관련된 정보를 투명하게 공개하고 보고하는 데 사용되는 국제적인 표준을 개발하고 제공하는 비영리 기관이다. GRI 표준은 기업의 환경, 사회, 지배구조에 관한 정보를 체계적이고 일관된 방식으로 보고함으로써 지속 가능성 보고서를 작성하고 의사 결정에 활용하는 데 도움을 주고 있다.

탄소국경조정제도(Carbon Border Adjustment Mechanism, CBAM) 탄소배출 규제가 강한 국가에서 상대적으로 규제가 덜한 국가로 탄소배출이 이전되는 탄소유출 문제 해결을 위하여 EU가 도입하는 무역관세의 일종이다. EU 역내로 수입되는 제품 중 자국 제품보다 탄소배출이 많은 제품에 대해 탄소세를 부과하는 제도로 2026년부터 본격적인 탄소국경제도를 시행하겠다는 뜻을 밝혔다. 적용 대상은 철강, 시멘트, 전기, 비료, 알루미늄, 전기, 수소 등 6개 품목이다.

순환경제(Circular Economy) 자원을 최대한 효과적으로 활용하고 폐기물을 최소화하여 지속 가능한 경제 모델을 지향하는 개념을 나타낸다. 이는 제품 수명 주기를 연장하고 재활용, 재사용, 리마네팅(재활용을 통한 자원 회수)과 같은 방법을 통해 자원 소비를 최적화하며 환경에 미치는 부정적인 영향을 최소화하고자 하는 목표를 담고 있다.

탄소발자국(Carbon footprint) 개인 또는 단체가 직접·간접적으로 발생시키는 온실가스의 총량을 의미한다. 탄소발자국은 일반적으로 이산화탄소(CO_2) 등의 가스를 톤이나 킬로그램 단위로 표시하며, 생산 과정에서 사용되는 에너지, 원자재, 운송 등의 활동에서 발생한 온실가스를 측정하여 계산된다.

RE100 Renewable Energy 100%의 약자로, 기업이 사용하는 전력의 100%를 재생에너지로 대체하는 것을 목표로 하는 캠페인이다.

SBTi(Science Based Targets Initiative) 과학적 근거에 기반하여 온실가스 감축 목표를 설정하고, 이를 검증하는 기구이다.

MSCI(Morgan Stanley Capital International) 글로벌 투자 연구 및 지수 제공 기업인 미국의 모건스탠리가 개발한 ESG 지수로 MSCI는 세계적으로 널리 사용되는 주요 주가 지수들을 개발하고 운영하며, 이를 통해 글로벌 투자자들이 다양한 시장 및 자산군에 투자할 기회를 제공한다.

그린워싱(Green Washing) 실제로는 친환경적이지 않으면서도 친환경적인 이미지를 강조하는 위장환경주의를 말한다.

CCUS(Carbon Capture, Utilization, and Storage) 대기 중에 있는 이산화탄소를 포집하여 저장하거나 활용하는 기술을 말한다. 발전소에서는 이산화탄소를 포집하여 저장하거나, 활용하여 에너지를 생산할 수 있으며, 산업 분야에서는 이산화탄소를 활용하여 화학물질을 생산하거나, 이산화탄소를 이용하여 시멘트를 생산하는 등의 방법이 있다.

녹색금융 국제협력 강화 녹색금융 국제협력은 국가 간 녹색금융 협력을 강화하는 것이다. 이를 통해 국가 간 녹색금융 정보 공유, 녹색금융 정책 개발 등을 수행한다.

스마트 그리드(Smart Grid) '똑똑한'을 뜻하는 'Smart'와 전기, 가스 등의 공급용 배급망, 전력망이라는 뜻의 'Grid'가 합쳐진 단어로 전력 네트워크를 효율적으로 운영하고 에너지의 소비와 생산을 최적화하여 에너지의 낭비를 줄이고 환경에 친화적인 전력 공급을 실현해 지능형 전력망으로 불린다.

클린테크(Clean Tech) 에너지 및 자원의 소비를 줄이고, 오염물질의 발생을 줄이는 환경 기술을 말한다. 친환경 에너지 사업 분야, 친환경 모빌리티 사업 분야, 에너지 사용 효율성을 높이는 첨단 정보기술(IT)이 포함된다.

환경경영시스템 기업이나 조직이 환경을 보호하고 개선하기 위해 수립하는 경영 전략 및 시스템을 말한다. 기업의 환경 성과를 개선하고, 환경 위험을 관리하며, 환경 법규를 준수하고, 환경 관련 이해관계자와 커뮤니케이션을 강화할 수 있다.

ISO 14001 국제표준화기구(ISO)에서 제정한 환경경영시스템에 대한 국제 규격이다. 기업이나 조직이 환경을 보호하고 개선하기 위해 수립하는 경영 전략 및 시스템을 국제적으로 인증하는 제도이다. 인증을 획득한 기업은 환경문제에 대한 책임감을 가지고 지속적인 환경 개선을 위해 노력하고 있음을 증명할 수 있으며, 고객이나 투자자들의 신뢰를 얻을 수 있다.

운동에너지 회수 시스템(Kinetic Energy Recovery Systems) 자동차 브레이크 시스템이나 엘리베이터의 내리막 이동 등에서 발생하는 운동 에너지를 회수하여 전기 에너지로 변환하여 사용할 수 있다.

PRI(Principles for Responsible Investment) 책임투자원칙을 의미한다. PRI는 유엔 총회와 글로벌 투자자들의 지원을 통해 2006년에 시작된 프로그램으로, 기업이 사회적, 환경적, 지배 구조 측면에서 지속 가능한 경영 원칙을 적용하도록 촉진하는 데 중점을 두고 있다.

소셜 택소노미(Social Taxonomy) 환경적 측면에 초점을 맞춘 기존의 녹색 분류체계(그린 택소노미)에서 더 나아가, 인권 및 이해관계자를 고려한 사회적 목표를 포함하는 분류 체계이다. 소셜 택소노미는 사회적 영향 투자에 대한 투자자들의 관심이 증가함에 따라 중요성을 갖추고 있으며, 지속 가능한 사회적 발전을 위한 투자에 대한 투자자들의 요구를 충족시키기 위한 도구로 활용되고 있다.

PPA(Power Purchase Agreement) 재생에너지 발전사와 전력 사용자가 서로 동의한 기간과 가격으로 전기를 사고파는 계약을 의미한다.

신재생 에너지 발전사업자 감시제어 시스템 신재생 에너지 발전소에서 발전량, 발전 상태 등을 실시간으로 모니터링하고 제어하는 시스템이다.

ESG INTERVIEW

발행인	김지윤
펴낸곳	콜라보출판사
지은이	김지윤
디자인	최보람
사진	윤순홍
마케팅	차진국
등록	제 385-251002021000008 호
주소	경기도 안양시 동안구 호계동 555-37 SKV1센터 1021호
구입문의	031-429-1431
홈페이지	www.esgcolloboclub.com
E-mail	heart@collabonews.com
ISBN	979-11-976177-6-8